昭和〜平成

東急電鉄
沿線アルバム

解説　山田　亮

5000系と同じ緑色になったデハ3450形3471を先頭にした目蒲線蒲田行。東急旧型車は1966年から従来の黄色（だいだい色
に近い）と紺色の塗分けから緑一色に順次変更され、1968年頃までに完了した。
◎沼部〜鵜の木　1988（昭和63）年2月13日　撮影：荻原俊夫

横浜を発車しJR、京浜急行を高架で乗り越え桜木町へ向かう東横線9000系。この区間は2004年1月30日限りで廃止された。画面左上から順に相鉄ジョイナス、横浜駅ビル「シァル」、横浜東急ホテルが並ぶが、シァルと東急ホテルは2013年に取り壊され、2020年6月に高層ビルJR横浜タワーが完成した。横浜駅は常に工事が行われ「永遠に未完成」といわれる。
◎横浜～高島町　2003（平成15）年10月11日　撮影：荒川好夫（RGG）

はじめに

関東民鉄の代表格

　東京急行電鉄株式会社は2019年9月に東急株式会社に商号変更され、交通事業、不動産事業、リゾート開発、流通事業、沿線サービス事業など各種事業を行う東急グループを統括する事業持株会社となった。鉄道事業は新たに設立された東急電鉄株式会社が継承し同年10月から営業を開始し、長年親しまれた「東京急行」の名は過去のものとなった。本稿では会社名は原則として東急とする。

　東急は関東民鉄の代表格とされるが、華やかな印象が今ひとつなのは小田急、東武のように専用車両による座席指定特急がなく「通勤輸送専業」のイメージが強いからだろう。しかし、東急は戦後になってからも田園都市線、新玉川線のほか伊豆急行（建設時は伊東下田電気鉄道）も建設し、第二次大戦後における新線建設距離は75.2km（注）で地下鉄、第三セクターを除くと民鉄では1位である。さらに東横線、田園都市線の複々線化や目蒲線の都心直通化、営団地下鉄（現・東京メトロ）、横浜高速鉄道などとの相互乗り入れも推進され、沿線の宅地開発、商業地開発とリンクした輸送力増強の積極性も民鉄界随一といえるだろう。

　（注）こどもの国線も新規開業だが、軍用引込線の復活のため新線とはみなさない。

東の東急、西の阪急

　昔から「東の東急、西の阪急」といわれる。いずれも純然たる農村に鉄道を敷設して沿線開発を行い、蒸気列車や路面電車ではなく最初から「高速電車」として開業している。

　東急のルーツは英国の「ガーデンシティー」を範として渋沢栄一（1840〜1931）によって1918（大正7）年に設立された田園都市株式会社で、洗足、調布（現在の田園調布付近）の計画的宅地開発を1922年から着手した。背景には大正時代中期（1920年前後）に階層として定着したとされる中産階級層がある。この階層は財閥系大企業や官庁に勤務し、職住分離で郊外に住宅を求める傾向が強いため、必然的に通勤という現象が発生し都心と郊外を結ぶ鉄道が必要になった。そこで関連会社として目黒蒲田電鉄を設立し、目蒲線、大井町線を建設した。さらに同じ系列の東京横浜電鉄を設立し渋谷〜田園調布〜横浜を結ぶ東横線が建設された。渋谷〜神奈川間の開通は1927（昭和2）年8月で、都市間輸送への進出だった。

　これらは阪急の影響を強く受けている。阪急は箕面有馬電気軌道として1910（明治43）年3月に現在の宝塚本線、箕面線が開通し、沿線の池田で計画的宅地開発を行い（池田室町住宅地）、宝塚歌劇に代表される集客施設を造り乗客を誘致した。実質的な創業者小林一三（1873〜1957）の「乗客は電車が創る」の理念がそれを如実に表している。

　鉄道省の官僚だった五島慶太（1882〜1959）は目黒蒲田電鉄の経営に参加し東急グループの基礎を築いたが、小林と関係が深く種々のアドバイスを受けていた。多摩田園都市の開発と田園都市線の建設は東急創立時からのビジネスモデルの集大成である。

　東急と阪急の共通点をもう一つ挙げよう。それは運賃の安さである。沿線が成熟し経営状態が良いことが理由で「住むなら東急、阪急沿線に限る」といわれるゆえんである。

東急は永遠に未完成

　東急は戦後田園都市線を建設し東横線と並ぶ大きな柱となったが、その後も建設は続く。大きな工事として目蒲線と地下鉄南北線の相互乗り入れとそれに伴う東横線多摩川〜日吉間複々線化、田園都市線二子玉川〜溝の口間複々線化、東横線と地下鉄副都心線、横浜高速鉄道との相互乗り入れに伴う渋谷〜代官山間、東白楽〜横浜間地下化が行われた。現在では日吉〜新横浜間の東急新横浜線が建設中で2022年度後半に開業の予定で相模鉄道と直通運転する。

　工事はこれで終わらない。それは蒲田〜京急蒲田間に地下線を建設し東急多摩川線と京急空港線を結ぶ「蒲蒲線」構想である。両線はゲージ（線路幅）が異なるため、蒲田付近でのホーム対面乗り換えが現実的だが、フリーゲージ電車が実用化されれば池袋、渋谷方面からの直通も可能だ。実現には種々の困難が伴うが、次の大きな課題だろう。東急はいつもどこかで工事が行われ永遠に未完成なのである。

2020年12月　山田 亮

1章
カラーフィルムで記録された 東急電鉄

東急5000系登場30周年の記念マークを付け東横線に運転された5000系3両編成の記念電車。
◎多摩川園(現・多摩川)　1984(昭和59)年10月　撮影：山田 亮

二子橋上の単線併用軌道を低速で走るクハ3752先頭の溝の口行。1966年から緑への塗替えが始まり1968年頃に完了した。この旧塗装は小田急の旧塗装（1969年から塗装変更）とほぼ同じ。先頭はクハ3750形3752。クハ3750形はモハ3700形とともに1948年登場の運輸省規格型車両。1961～64年に車体更新。このクハ3752を含む12両は1975年に名古屋鉄道へ譲渡。
◎二子玉川園（現・二子玉川）
～二子新地前（現・二子新地）
1965（昭和40）年
撮影：矢崎康雄

後追いで撮影された目蒲線蒲田行。最後部はデハ3500形3515。デハ3500形は1939年、当時の東京横浜電鉄が投入したモハ1000形で湘南電鉄（現・京急）への直通を想定し改軌可能な台車を装備した。1976年から大幅に車体更新され張り上げ屋根となり、前面は坊主頭といわれた。背後の丸い建物は東京工業大学の体育館（現存せず）。
◎大岡山
1989（平成元）年3月14日
撮影：荻原俊夫

上田交通（現・上田電鉄）に譲渡される5000系を挟んだ試運転列車。先頭からデハ3499－上田クハ291－上田クハ292－デハ3450。中間は5000系の付随車サハ5350形をクハ化した車両で、黄色と紺の塗分けになっている。
◎あざみ野
1983（昭和58）年10月1日
撮影：荻原俊夫

築堤上を行くデハ3483－デハ3497－クハ3853の3両編成五反田行。1980年代までは目蒲線、池上線は3000系旧型車（デハ3450、3500、3600、クハ3800など）が中心だったが、車体は更新されていても冷房はなく沿線利用者からは不評だった。
◎池上～千鳥町
1989（平成元）年2月5日
撮影：荻原俊夫

デハ3500形3506を先頭にした蒲田行。デハ3500形は1939年に登場した東京横浜電鉄モハ1000形で東京急行電鉄（いわゆる大東急）発足時にデハ3500形となった。1976年から大幅に車体更新され張り上げ屋根となり、前面前照灯が運転台下に移り、正面は坊主頭のようだといわれた。
◎多摩川園（現・多摩川）
1980（昭和55）年2月3日
撮影：荻原俊夫

元住吉から築堤を上り日吉に到着する荷物電車デワ3042。1969年に1927年製造のデハ3200形3204を改造した車両で1981年に廃車され、その後は東急車輌に譲渡され構内入換に使用された。
◎日吉　1973（昭和48）年頃
撮影：荒川好夫（RGG）

二子鉄橋を渡る田園都市線の5000系5両編成。下り方（画面右側）はクハ5150形で5両だけの少数派。1966年3月、二子鉄橋（鉄道橋）が完成したが、それまでは手前の二子橋を道路上の併用軌道で渡っていた。5000系の田園都市線での運行は1970年から1980年3月までで、5両編成で運行された。
◎二子新地～二子玉川園（現・二子玉川）1976（昭和51）年5月22日　撮影：荒川好夫（RGG）

高架化工事中の大井町線を行く東急5200系の溝ノ口（現・溝の口）行。二子橋（鉄道橋）の建設
と同時に二子新地前（現・二子新地）駅も高架化工事中である。
◎二子新地前（現・二子新地）　1965（昭和40）年　撮影：矢崎康雄

月吉を発車する5000系の各停渋谷行。後部はデハ5000＋クハ
5150の2両固定編成で4両＋2両の6両編成。1971年から5000
系の前面行先表示をそれまでの行先表示板に代わり照明付行先表
示器が運転台の車掌側にくるように取り付ける改造が始まった。
◎日吉　1973（昭和48）年12月頃　撮影：荒川好夫（RGG）

1980年3月16日に東横線で運転された「東横線5000系さよなら運転」下り方から5026－5117－5047－5048－5106－5025で、3両編成を2本併結した6両編成。これを最後に東横線から5000系が姿を消した。◎元住吉検車区　1980（昭和55）年3月16日　撮影：荻原二郎

菊名を発車する「青ガエル」5000系6両の上り渋谷行。菊名は地形的に谷底にあり大雨が降ると線路が冠水したが、1972年に改良工事が完成し、駅全体のかさ上げが行われ駅舎が橋上化され、追抜き設備も完成し2面4線となった。
◎菊名　1973（昭和48）年12月頃　撮影：荒川好夫（RGG）

6000系は1960年に登場したセミステンレス車で、1台車1モーター方式。当初は東横線で運行されたが、後に田園都市線で運行されたが一部がふたたび東横線に戻った。6000系は電気部品が東洋電気製のデハ6000形、デハ6100形と東芝製のデハ6200形、デハ6300形の2グループがある。◎宮前平　1978（昭和53）年6月2日　撮影：荻原二郎

田園都市線を走る6000系。6000系は1960年に登場したセミステンレスカーで4両編成が5本製造された。東急初の両開きドア、全電動車方式、mmユニット方式、1台車1モーター方式、回生ブレーキなど新機軸が採用された。1986年から廃車が始まり、一部が弘南鉄道（青森）へ譲渡された。◎宮前平〜宮崎台　1986（昭和61）年7月23日　撮影：荒川好夫（RGG）

デハ6000形（先頭はデハ6006）の桜木町行。6000系は1960年登場で当初は東横線で運行され、1964年に田園都市線に移ったが、1976年から一部が東横線に戻り1980年頃まで運行されファンの注目をあびた。6000系は1986〜89年に廃車され一部が弘南鉄道（青森）へ譲渡された。◎都立大学　1980（昭和55）年2月3日　撮影：荻原俊夫

菊名を発車する7000系8両の急行渋谷行。菊名駅の大倉山方には踏切（写真下部）があるためホーム延長ができず、8500系などの20m車8両は渋谷方の1両がドア締め切り扱いだったが、1991年に菊名の大倉山方が高架化されたため、踏切も廃止され8両編成が停車可能になった。現在は延伸され10両編成が停車可能。
◎菊名　1973（昭和48）年12月頃　撮影：荒川好夫（RGG）

中目黒の祐天寺方の引き上げ線で並ぶ東急7000系（右）、営団（現・東京メトロ）3000系（中）、東武2000系（左）。地下鉄日比谷線直通列車は当初6両編成だったが1971年に8両編成化された。◎中目黒　1973（昭和48）年頃　撮影：荒川好夫（RGG）

多摩川鉄橋を渡るステンレスカー7000系8両編成の急行桜木町行。7000系は1962年登場のオールステンレスカーで東横線急行、各停および日比谷線直通列車として運行され、1970年4月から急行は8両編成化された。この鉄橋は1926年の東横線開通時に建設されたが、東横線複々線化に伴い架け替えられ、1999年に完成した。
◎多摩川園前（現・多摩川）〜新丸子　1976（昭和51）年5月22日　撮影：荒川好夫（RGG）

東急7000系は1964年8月の地下鉄日比谷線全通時から直通列車として北千住まで運行された。7000系は東洋電機製60KWモーターを装備した「東洋車」と日立製作所製70KWモーターを装備した「日立車」があり、地下鉄直通には60KWモーターの東洋車のうち地下鉄用ATCと誘導無線装置を装備した車両が使用された。
◎南千住〜北千住　1986（昭和61）年5月16日　撮影：荒川好夫（RGG）

地下鉄日比谷線開通時に登場した営団（現・東京メトロ）3000系は正面の額（ひたい）が広く「マッコウくじら」の愛称があった。営団03系投入に伴い1989年から置き換えが始まり、1994年7月が最終運転だった。
◎都立大学〜自由が丘　1988（昭和63）年11月　撮影：山田 亮

電気検測車デヤ7290とデハ7200（後方）に挟まれた池上線への回送列車。ATC化に伴い、1991年にアルミ車デハ7200、クハ7500を改造して登場した。デヤ7290はクハ7500を電動車化して電気検測車化して測定用パンタグラフ、観測用ドームを設置。デハ7200は両運転台化してパンタグラフを増設。通常はこの2両連結で運行された。
◎緑が丘　1991（平成3）年5月6日　撮影：荻原二郎

1967年4月に開通したこどもの国線（長津田〜こどもの国間3.4km）は「こどもの国協会」が路線免許を受け、東急に運営が委託された。7000系2両編成（7057-7052）がワンマン化改造、こどもの国塗装になり1989年1月から1999年7月まで運行され、その後は横浜高速鉄道Y000系によって運行されている。
◎長津田〜こどもの国　1989（平成元）年11月1日　撮影：森嶋孝司（RGG）

菊名に到着する7200系の急行桜木町行。7200系は1967年に田園都市線用として登場したMT編成のステンレス車両で、1969年4月から東横線の急行にも使用された。7200系は地上線専用で地下鉄乗り入れはできない。
◎菊名　1973（昭和48）年12月頃　撮影：荒川好夫（RGG）

大井町線（大井町〜溝の口間）は1963年10月に田園都市線と改称された。1966年４月の溝の口〜長津田間開通時は7000系と3450、3500系などの旧型車で運行され、その後5000系、5200系、6000系、7200系、8000系、8500系が加わった。1979年８月から新玉川線と田園都市線が直通し、大井町〜二子玉川園間は再び大井町線となった。
◎中延　1979（昭和54）年７月３日　撮影：大道政之（RGG）

目蒲線を行く7200系４両編成。7200系は90年代に入ってから目蒲線、池上線に集中され、目蒲線は４両、池上線は３両で運行された。目蒲線は2000年８月６日、目黒〜多摩川（多摩川園から改称）〜武蔵小杉間の目黒線と多摩川〜蒲田間の東急多摩川線（東急を付けて西武鉄道の多摩川線と区別）に運転系統が分離された。
◎田園調布〜奥沢　2000（平成12）年６月　撮影：山田 亮

池上線雪が谷検車区に待機する1000系3両編成（先頭はデハ1324）と7200系3両編成（先頭はクハ7553）。右のクハ7553
は1993年に長野県の上田交通（現・上田電鉄）に譲渡された。
◎雪が谷検車区　1993（平成5）年3月5日　撮影：松本正敏（RGG）

東急75周年のステッカーを貼った池上線7600系3両編成。7600系は7200系をVVVFインバーター制御とした車両。3両編成化され池上線で運行された。目蒲線から7200系が引退した後も池上線で2014年まで運行され「最後の7200系」だった。その翌年の2015年2月にお別れ運転が行われた。◎御嶽山〜久が原 1998（平成10）年1月13日 撮影：荒川好夫（RGG）

蒲田を発車する7000系をVVVFインバーター制御化した7700系多摩川行。東急目蒲線（目黒〜田園調布〜蒲田）は目黒蒲田電鉄により1923年11月に全線開通した東急発祥の路線だが、2000年8月に目黒〜多摩川間の目黒線と多摩川〜蒲田間の東急多摩川線に分割された。7700系は3両編成で池上線、東急多摩川線で運行。
◎蒲田 2000（平成12）年9月28日 撮影：米村博行（RGG）

池上線を行く7700系３両編成。7700系は1987年から90年にかけて7000系をVVVFインバーター制御化、冷房化、室内更新を行った車両。当初は大井町線、目蒲線で運行されたが後に池上線、東急多摩川線で運行。このクハ7915－デハ7815－デハ7715編成の両端は中間車に運転台を取り付け、前面が9000系タイプとなった。
◎久が原～御嶽山　2004（平成16）年7月11日　撮影：米村博行（RGG）

池上線を行く7700系３両編成（先頭はデハ7714）。7700系は池上線および東急多摩川線蒲田～多摩川間で2018年まで運行された。ワンマン化された7700系は正面が赤黒色、側面に赤帯が入り歌舞伎塗装といわれた。このデハ7714を含む15両は2019～2020年に養老鉄道（旧・近鉄養老線）に譲渡された。
◎千鳥町～池上　2008（平成20）年4月1日　撮影：荒川好夫（RGG）

8000系は1973年から田園都市線にも投入され、1979年8月からの新玉川線と田園都市線直通後は大井町線大井町～二子玉川園（現・二子玉川）間で運行された。◎荏原町～中延　1979（昭和54）年7月3日　撮影：大道政之（RGG）

高島町に到着する8000系の各停渋谷行。東横線横浜〜桜木町間は2004年1月30日限りで廃止されたが、高架線と高島町駅
ホームは今でも残っている。写真左はJR根岸線と高速1号横羽線。バックにランドマークタワーが見える。
◎高島町　2003（平成15）年10月11日　撮影：荒川好夫（RGG）

多摩川鉄橋を渡る東急8000系。多摩川鉄橋は1926年に完成したが、東横線複々線化で架け替えられ、最初に画面手前側（下流側）に複線橋梁が建設され1994年に使用開始され、その後旧橋を撤去して新橋梁が建設され1999年に完成、2000年8月から目黒線目黒〜武蔵小杉間が運転開始された。
◎多摩川園前（現・多摩川）〜新丸子　1973（昭和48）年頃　撮影：白井朝子（RGG）

自由が丘を発車する8000系。この編成（横浜方クハ8008）は伊豆急行色で「伊豆のなつ」号と呼ばれ2007年まで運行された。
正面行先札は「伊豆急行⇔東京急行」で、急行札は伊豆急100系と同じ仕様である。
◎自由が丘〜田園調布　2005（平成17）年7月24日　撮影：米村博行（RGG）

8000系は5両編成で大井町線でも運行された。先頭はクハ8001でこの編成は当初東横線で運行され、後に田園都市線、大井
町線に転属した。正面に赤帯が入り東急75周年のステッカーが貼られている。
◎自由が丘〜緑が丘　1998（平成10）年1月13日　撮影：荒川好夫（RGG）

二子玉川園を発車した大井町線は大きくカーブして国道246号と合流し、併用軌道上を二子橋へ向かう。写真は上り大井町行の7000系。画面左側に二子玉川園（現・二子玉川）の木造駅舎が見え、その後方に玉川線乗り場があった。画面右側の電器店の看板が昭和30年代を思わせる。
◎二子玉川園（現・二子玉川）〜二子新地前（現・二子新地）1965（昭和40）年　撮影：矢崎康雄

8000系は東横線では1980年代後半から各停運用が中心となったが、2001年の特急運転開始後は特急にも使用され、2004年2月からの横浜高速みなとみらい線との直通運転にも使用された。写真の編成（横浜方クハ8040）は2007年に正面行先表示を方向幕に戻し、正面赤帯も消され当時の姿となった。
◎中目黒～祐天寺　2007（平成19）年6月30日　撮影：荒川好夫（RGG）

東横線で最後の活躍をする8000系。8000系は1969年に登場し最初は東横線で運行され後に急行にも使用された。1980年代後半から各停運用が中心となったが、2001年から特急にも使用され、2004年2月からはみなとみらい線と直通した。写真の編成（渋谷方クハ8039）は2007年に引退。2008年2月が東横線での8000系最終運行である。
◎妙蓮寺～菊名　2005（平成17）年7月18日　撮影：米村博行（RGG）

地上線時代の渋谷〜代官山間を行く8000系「歌舞伎塗装」の特急元町・中華街行。1969年登場の20m、4ドアの8000系は1992年から室内更新が実施され、正面が赤黒色、側面に赤帯が入る「歌舞伎塗装」になった。東横線は2001年3月から特急が運転開始され、2004年2月から横浜高速鉄道みなとみらい線と直通した。
◎渋谷〜代官山　2005（平成17）年7月17日　撮影：荒川好夫（RGG）

8000系は後に8500系と同様に正面に赤帯が入れられた。妙蓮寺付近のカーブを行く元町・中華街行。8000系の廃車は2002年に始まり、2008年までに完了したが、一部が伊豆急行に譲渡され、現在でも運行され海側がクロスシートになっている。
◎妙蓮寺〜白楽　2004（平成16）年3月4日　撮影：米村博行（RGG）

高架駅時代の東急横浜駅。東横線の神奈川（現在は廃止）〜高島町間開通は1928年5月で、同年10月には国鉄（現・JR）横浜駅の西側に高架の島式ホームが完成した。戦後の1962年11年、横浜駅ビル（後のシァル）開業時に相対式ホームとなり、駅ビル2階から東横線上りホームへの改札が設けられた。デハ8590先頭の特急桜木町行が停車中。
◎横浜　2003（平成15）年10月11日　撮影：荒川好夫（RGG）

8090系の最初の1編成は1980年12月に運行開始された。元住吉検車区で待機する新製直後の8090系7両編成。当初は東横線で主として急行として運行された。その後、大井町線に移り最終運行は2013年5月、一部が秩父鉄道に譲渡された。
◎元住吉検車区　1980（昭和55）年12月29日　撮影：大道政之（RGG）

8090系は1988年に両端先頭車が正面貫通ドア付きのデハ8590（下り方）、デハ8690形（上り方）に取り替えられ、編成替えを行い、それまでの非貫通クハ8090形を両端にした編成は5両編成化されて大井町線に転属した。
◎自由が丘～緑が丘　2006（平成18）年4月1日　撮影：米村博行（RGG）

東横線から大井町線に移った先頭車が非貫通の8090系5両編成。二子玉川での誤乗防止のため大井町線のステッカーが貼られている。2009年7月から二子玉川～溝の口間の複々線化が完成し、大井町線電車が急行、各停とも溝の口まで延長された。
◎自由が丘～緑が丘　2008（平成20）年4月1日　撮影：米村博行（RGG）

大井町線の8090系二子玉川園（現・二子玉川）行。上野毛駅は2008年1月に島式ホームの画面右側に急行追抜き線が設置され、同年3月の大井町線急行運転開始時から使用開始された。二子玉川駅は以前は二子玉川園と称したが2000年8月、多摩川園→多摩川改称と同時に二子玉川と改称された。同時に新玉川線の名は消滅し、渋谷〜中央林間間が田園都市線となった。
◎上野毛　2000（平成12）年4月23日　撮影：荒川好夫（RGG）

多摩川鉄橋を渡る8090系の急行桜木町行。1980年に登場した8090系は7両編成で東横線急行に使用され、1983年に8両編成化された。この鉄橋は複々線化時に架け替えられ1999年に完成した。渋谷側の多摩川園駅は以前は多摩川園前と称していたが、1977年12月に多摩川園と改称、2000年8月に多摩川と改称された。
◎多摩川園(現・多摩川)〜新丸子　1985(昭和60)年8月14日　撮影：高木英二(RGG)

2004年1月31日は東横線の全列車が横浜発着となった。写真は横浜行表示の8590系各停。30日の終電後に地下線に切り替えられ東白楽〜桜木町間の地上線は廃止された。翌1月31日から横浜地下駅が営業開始されたが、同日は横浜〜元町・中華街間は乗務員訓練のためすべて回送扱いで、翌2月1日から横浜高速鉄道みなとみらい線との直通運転が開始された。
◎東白楽　2004(平成16)年1月31日　撮影：山田 亮

1980年に登場した8090系（先頭はクハ8088）の急行桜木町行。8090系は8000系の増備車だが、1978年登場のデハ8400形と同様の車体で、設計にあたりコンピューターによる立体解析手法を用い軽量化し、車体幅も広がり先頭車は非貫通となった。この編成はTOQ BOXと称し、車内で東急のPRや沿線の写真展などを行った。
◎多摩川園（現・多摩川）〜新丸子　1988（昭和63）年7月31日　撮影：松本正敏（RGG）

デハ8590形8592を先頭にした各停桜木町行。1988年にみなとみらい線への乗り入れに備えて正面を貫通化したデハ8590（下り方、パンタ付き）デハ8690（上り方）が登場し、8090系の非貫通先頭車と置き換えられた。2005〜06年に大井町線、田園都市線へ転属したが、2019年2月に運行が終了した。デハ8590、デハ8690は富山地方鉄道に譲渡された。
◎妙蓮寺〜白楽　2001（平成13）年7月29日　撮影：米村博行（RGG）

デハ8590形8591を先頭にした急行桜木町行。8090系は正面非貫通のため、みなとみらい線への乗り入れのため正面貫通ドア（非常ドア）が必要になり、1988年に正面に貫通ドアを備えたデハ8590（下り方、パンタ付き）デハ8690（上り方）が登場し、8090系の非貫通先頭車（クハ8090形）と置き換えられ、8090系は5両編成化されて大井町線へ転属した。
◎都立大学〜自由が丘　1988（昭和63）年11月　撮影：山田 亮

トンネルを出る大井町線直通の8500系5両編成の大井町行。2006年から大井町線8500系は正面の赤帯が赤〜黄色のグランデーション塗装になった。◎あざみ野〜たまプラーザ　2006（平成18）年3月25日　撮影：米村博行（RGG）

1975年に登場した8500系は最初に田園都市
線（当時は大井町〜すずかけ台間）に投入され
た。1979年8月からの新玉川線、田園都市線
直通運転に伴い、8500系は新玉川線、田園都
市線に運行されるようになり、大井町〜二子
玉川園間（1979年8月からふたたび大井町線
となる）からは営業列車としては姿を消した。
◎荏原町〜中延　1979（昭和54）年7月3日
撮影：大道政之（RGG）

8500系の快速半蔵門行（先頭はデハ8620）。
1978年8月の地下鉄半蔵門線との直通運転開始
当初は青山一丁目折返しだったが、1979年9月
に永田町、1982年12月に半蔵門、1989年1月
に三越前、1990年11月に水天宮前と延長され、
2003年3月に押上まで全通し、東武伊勢崎線と
直通運転を開始した。
◎たまプラーザ〜鷺沼　1986（昭和61）年6月
27日　撮影：荒川好夫（RGG）

8500系の各停つきみ野行（先頭はデハ8516）。溝の口から長津田までは1966年4月に田園都市線として新規に開通した区間。長津田から先は1968年4月つくし野、1972年4月すずかけ台、1976年10月つきみ野と延長され、1984年4月に中央林間まで全通した。◎溝の口〜梶が谷　1981（昭和56）年9月3日　撮影：森嶋孝司（RGG）

架け替えられる前（複線時代）の多摩川鉄橋を渡る8500系急行元住吉行。1985年から8500系の一部は東横線で暫定的に運行され、後に新玉川線、田園都市線に転用された。◎多摩川園（現・多摩川）〜新丸子　撮影：高木英二（RGG）

田園都市線、地下鉄半蔵門線直通運転の主力である東急8500系。行先は東武日光線の南栗橋である。この渋谷方（上り方）が
デハ8637の編成は広告貸切編成で正面および側面が青帯で、先頭車にはシャボン玉の装飾がある。
◎梶が谷　2006（平成18）年3月25日　撮影：米村博行（RGG）

8500系の各停中央林間行。バックに見える道路橋は国道246号から東名高速道路横浜青葉ICへの取付け道路でその先に鶴見川が流れている。現在でもこの付近には農地が残り、住宅地のなかにあって貴重な自然が残っている。
◎市が尾〜藤が丘　2004（平成16）年2月26日　撮影：米村博行（RGG）

新玉川線、田園都市線直通運転開始後、大井町線から8500系は姿を消したが1986年に5両編成が4本登場し、5両で大井町線に、2本併結の10両で新玉川線、田園都市線で運行された。2003年から8500系5両編成は大井町線専用となり、中間に運転台のある2本併結の10両編成は新玉川線、田園都市線から姿を消した。
◎等々力〜尾山台　2005（平成17）年7月24日　撮影：米村博行（RGG）

市が尾に到着する8500系の快速長津田行。快速は1977年11月に渋谷〜長津田間にデイタイム30分間隔で運転開始され、1979年8月の地下鉄半蔵門線、新玉川線、田園都市線直通運転時から運転時間帯が朝夕に広がったが、1996年4月から快速はすべて急行となった。藤が丘は2002年3月から上り通過線が新設され、朝ラッシュ時は各停が急行を待避した。
◎市が尾〜藤が丘　1986（昭和61）年5月23日　撮影：荒川好夫（RGG）

両端に貫通ドアのある8590系は2004年2月から当初の目的通り東横線、みなとみらい線の直通列車に使用されたが、5050系の増備で2005〜2006年に大井町線および田園都市線に転用された。大井町線の8590系は正面帯が赤〜黄色のグラデーション塗装となったが、2013年までに引退した。◎自由が丘〜緑が丘　2006（平成18）年4月1日　撮影：米村博行（RGG）

ランドマークタワーの展望台から撮影した東横線と根岸線。写真中央の交差点付近に2代目横浜駅（1915〜1928、駅舎は1923年の関東大震災で焼失し木造駅舎で復旧）があった。また、上部に京浜急行の電車が見える。
◎桜木町〜高島町　2004（平成16）年1月25日　撮影：山田 亮

乗降客が東横線で最も少なかった高島町駅。1928年5月に神奈川（現在は廃止）〜高島（後の高島町）間が開通して開設された。高架線下の改札付近は閑散としていたが、駅の装飾などは昭和モダンの雰囲気が漂っていた。2004年1月30日限りで桜木町とともに廃止された。◎高島町　2003（平成15）年10月11日　撮影：荒川好夫（RGG）

地上駅（高架）時代の東横線渋谷駅。4面4線で1〜4番線があり、左が8590系の急行、右が9000系の特急桜木町行。渋谷駅は1964年4月に全面的に改築され、シェル型（かまぼこ型）屋根が並ぶ先進的デザインだったが、副都心線、東横線直通運転に伴い代官山〜渋谷間地上線が2013年3月15日限りで廃止された。
◎渋谷　2003（平成15）年10月11日　撮影：荒川好夫（RGG）

降車専用 ここからは
Get off Only ご乗車になれません

NEC

桜木町駅で発車を待つ9000系の特急渋谷行。高島町～桜木町間は1932年3月に単線で開通。桜木町延長は当時、東横線を改軌（1435mm化）し桜木町～日ノ出町間に高架線を建設し、湘南電気鉄道（現・京浜急行電鉄）と直通する構想があったためである。高島町～桜木町間は1956年9月に複線化された。◎桜木町　2003（平成15）年10月11日　撮影：荒川好夫（RGG）

1986年6月18～22日、田園都市線開通20周年を記念し、伊豆急行2100系2次車（リゾート21）6両編成が長津田～渋谷間を田園都市線、大井町線、目蒲線、東横線経由で往復した。これはリゾート21（2次車）のお披露目運転で記念運転終了後、6月29日に伊豆急行伊豆高原検車区に搬入された。◎都立大学～自由が丘　1986（昭和61）年　撮影：山田 亮

9000系の各停元町・中華街行。9000系は1986年に登場し、主として東横線で運行され、2004年2月からみなとみらい線へ直通したが、2013年3月からの副都心線直通には使用されず、大井町線に転出し、5両編成化された。写真の編成（下り方がクハ9106）は広告貸切編成「TOQ-BOX」。◎中目黒〜祐天寺　2007（平成19）年6月30日　撮影：荒川好夫（RGG）

多摩川鉄橋を渡る9000系8両の桜木町行。9000系は1986年に登場したVVVFインバーター制御の車両。正面の非常用ドアが向かって左側になり、車内は車端部がクロスシートで車窓を眺めるとロングシートでは気が付かない新たな発見がある。
◎多摩川園（現・多摩川）〜新丸子　1988（昭和63）年7月31日　撮影：松本正敏（RGG）

地上駅（高架）時代の桜木町駅に到着する東横線9000系。2004年1月30日限りで横浜〜桜木町間の地上線（高架線）が廃止された。写真左は京浜東北・根岸線の209系で、その手前側に根岸線と高島線（貨物線）の分岐が見える。
◎高島町〜桜木町　2003（平成15）年10月11日　撮影：荒川好夫（RGG）

1000系の日比谷線直通南千住行。1000系は1988年、地下鉄日比谷線乗入れ用として登場したVVVFインバーター制御の18m3ドア車。画面左は5050系。バックの亀屋万年堂は王貞治が登場する「自由が丘、亀屋万年堂のナボナはお菓子のホームラン王です」のテレビCMで一躍有名になった。
◎自由が丘～都立大学
2005(平成17)年7月19日
撮影：米村博行(RGG)

1000系による日比谷線から直通する菊名行。1988年3月改正時から日吉駅改良工事に伴い日比谷線直通列車の折り返し駅が日吉から菊名になった。
◎学芸大学～都立大学
1991(平成3)年5月5日
撮影：森嶋孝司(RGG)

池上線の雪が谷検車区で待機する1000系の3両編成。1000系は1993年から3両編成が池上線に投入された。1000系は1991年に暫定的に目蒲線に4両編成で投入されたが、1993年から3両編成化され池上線に転属した。
◎雪が谷検車区
1993(平成5)年3月5日
撮影：松本正敏(RGG)

田奈駅のホームから撮影された2000系の急行中央林間行。2000系は1992年から田園都市線に投入されたVVVFインバーター制御の車両で、外観は9000系とほぼ同じで、3編成だけの少数派。2019年に大井町線に転属し、9020系と改番された。
◎青葉台〜田奈　1999（平成11）年8月12日　撮影：荒川好夫（RGG）

1992年に登場した2000系は東横線用9000系の田園都市線バージョンだが、9000系と異なり車端部のクロスシートがない。行先の水天宮前は三越前から延長された1990年11月から、押上まで開通し東武伊勢崎線との直通運転が開始される2003年3月までの地下鉄半蔵門線側の終着駅である。◎長津田検車区　1992（平成4）年3月5日　撮影：松本正敏（RGG）

道玄坂上付近ですれちがうデハ200形（左）とデハ70形。デハ200は1955年に登場した2車体連接車で中間台車は1軸台車。正面は卵型のデザインで「ペコちゃん」の愛称があり、スペインのタルゴ列車の日本版ともいわれた。6編成製造され、玉川線の名車だったが、世田谷線には引継がれなかった。電車とバスの博物館にデハ204が保存展示されている。◎上通〜渋谷1969（昭和44）年5月10日　撮影：荒川好夫（RGG）

二子玉川園を発車し、勾配を上るデハ150形重連「連結2人乗り」。デハ150形は1964年に登場した玉川線最後の新車。鋼製車体だが側面下部はコルゲーションが入っている。両運転台パンタグラフ付きだが2両編成で運行。玉川線廃止後は世田谷線で運行された。写真の上り勾配区間はそのまま新玉川線の用地となった。
◎二子玉川園〜玉電瀬田　1969（昭和44）年5月10日　撮影：荒川好夫（RGG）

下高井戸行のデハ70形。三軒茶屋の手前から世田谷線に転線する。世田谷線は玉川線が廃止されるまで、通称「下高井戸線」と呼ばれ、渋谷まで直通運転された。◎1969（昭和44）年5月10日　撮影：荒川好夫（RGG）

道玄坂上から渋谷駅への専用軌道（画面左後方）に入る玉川線デハ70形「連結2人乗り」。玉川線は国道246号の道玄坂上付近から専用軌道に入り勾配を下り東横百貨店（後の東急百貨店東横店）西館2階の玉川線ホームに向かった。デハ70形は戦時中の1942年登場、1978〜82年に車体更新されデハ80形と似た形態になった。
◎上通〜渋谷　1969（昭和44）年5月10日　撮影：荒川好夫（RGG）

三軒茶屋－下高井戸間は玉川線廃止後も世田谷線として残った。1942年のデハ70形はデハ80形と似た形態に車体が更新された。◎松陰神社前　1998（平成10）年3月14日　撮影：荒川好夫（RGG）

夜の下高井戸駅で発車を待つ世田谷線デハ70形73。写真左側に京王線ホームがある。
◎下高井戸　1979（昭和54）年8月4日　撮影：森嶋孝司（RGG）

玉川線時代から引き続き使用されたデハ80形。デハ80形は1950年から登場し、後に木造車を鋼体化した車両も加わり総数28両で玉川線で最多両数だった。玉川線廃止後は世田谷線で運行されたが、1999年からデハ300系が登場し2001年2月に在来車の置き換えが完了した。◎松原～下高井戸　1979（昭和54）年8月5日　撮影：森嶋孝司（RGG）

世田谷線は全線が専用軌道で、これが玉川線廃止後も残った理由である。沿線は住宅地だが松陰神社をはじめ名所旧跡も点在し散策に絶好である。バックの高層ビルは1996年完成の三軒茶屋キャロットタワー（高さ124m、地上27階、地下5階）。その1階に世田谷線乗り場がある。◎三軒茶屋～西太子堂　1999（平成11）年7月25日　撮影：荒川好夫（RGG）

2章
モノクロフィルムで記録された
東急電鉄

東横線を走る旧型車による上り渋谷行各停5両編成。最後部はクハ3670形、2両目はデハ3600形でいずれも戦災復旧車である。東横線では5000系、7000系などとともに3000系旧型車も各停として運行されたが、1970年4月改正で東横線から姿を消した。◎日吉〜綱島　1970（昭和45）年1月　撮影：山田 亮

東横線

1964年４月、渋谷駅改良工事が完成し、18m車６両が停車可能になった。新ホームへの線路切り替え直後の渋谷駅を発車する6000系の急行桜木町行。工事中の仮ホームが撤去された直後で構内は雑然としている。写真右には国鉄渋谷駅貨物ホームが見える。6000系は1960年に登場したセミステンレス車。
◎渋谷　1964（昭和39）年４月５日
撮影：荻原二郎

渋谷～代官山間の渋谷川に沿った高架線を行く旧型車。写真奥が渋谷方で、手前の川は渋谷川。この付近には戦前、並木橋駅があったが戦時中の空襲で焼失しそのまま廃止された。
◎渋谷～代官山　1959（昭和34）年６月28日　撮影：小川峯生

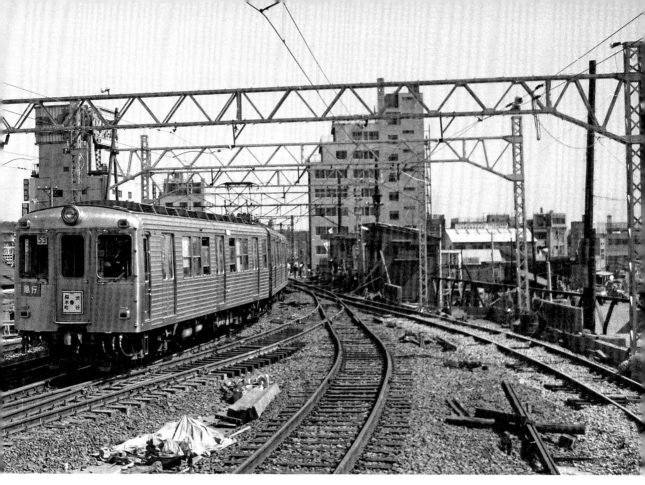

1961年3月、南千住〜仲御徒町間で開業した営団地下鉄（現・東京メトロ）日比谷線は部分開通を繰り返し、東京五輪開催直前の1964年8月29日、最後の東銀座〜霞ヶ関間が開通して全線開通し、東横線日吉までの直通運転が開始された。写真は全通直前の光景で、中目黒〜霞ヶ関間で折り返し運転をしている。右が営団3000系、左が東急7000系。
◎中目黒　1964（昭和39）年8月22日　撮影：荻原二郎

中目黒を発車する東急5000系の渋谷行と営団3000系の霞ヶ関行。地下鉄日比谷線は1964年7月22日に中目黒〜恵比寿間が開通し中目黒〜霞ヶ関間で折り返し運転を行い、同年8月29日に最後の東銀座〜霞ヶ関間が開通して全線開通。中目黒はもともと高架駅であったが、地下鉄乗り入れに備え2面4線化された。◎中目黒　1964（昭和39）年7月27日　撮影：小川峯生

東横線との平行区間を走る目蒲線旧型車。先頭はクハ3770形3779。クハ3770形はデハ3600形、クハ3670形とともに戦災で廃車された17m国電を復旧した車両。写真後方の踏切は環状八号の踏切で、後に線路を切り下げ立体交差化された。周辺は閑静な住宅地である。
◎田園調布　1963（昭和38）年11月9日
撮影：荻原二郎

高架化工事中の都立大学駅。5000系の下り桜木町行が到着している。同駅の高架化は1961年9月で、引き続き中目黒〜都立大学間の連続立体化工事が着手され完成は1970年11月。東京都立大学は1991年に多摩ニュータウン内に移転したが、駅名は地元の反対で改称されずそのままである。◎都立大学　1961（昭和36）年1月31日　撮影：荻原二郎

デハ3600形3601を先頭にした3両編成の渋谷〜田園調布間折返し列車。このデハ3600形は1948〜52年にクハ3670形、クハ3770形とともに戦災で焼失した17m国電（省線電車）を復旧した車両で、このデハ3601は戦災車両の車体（鋼体）を修理しただけなので、元の国電の面影が残っている。◎田園調布　1958（昭和33）年11月　撮影：小川峯生

荷物電車デワ3042。1927年製造のデハ3200形3204を1969年に改造した車両で1981年に廃車され、その後は東急車輌に譲渡され構内入換に使用された。写真後方は環状八号線との立体交差。
◎田園調布　1969（昭和44）年4月26日　撮影：荻原二郎

田園調布駅北側、環状八号との踏切の立体交差化工事。東横線、目蒲線とも田園調布から北側に向かって緩やかな勾配を上がり環八と平面交差していたが、線路を切り下げ立体交差化する工事が行われた。右側の目蒲線はすでに切り下げられ立体交差化されている。東横線下り線を営団地下鉄（現・東京メトロ）3000系日吉行が通過している。
◎自由が丘〜田園調布　1965（昭和40）年9月24日　撮影：荻原二郎

日吉を発車して勾配を下る7000系8両の急行桜木町行。東横線急行は1970年4月から朝ラッシュ時に8両運転を開始したが、その後8両運転の時間帯が増え、1974年4月から急行全列車が7000系、7200系8両編成となった。
◎日吉〜綱島　1973（昭和48）年3月
撮影：山田 亮

元住吉から築堤を上り日吉へ向かう
5000系6両編成の各停。現在は複々線
化されている。日吉は駅西側が東京横浜
電鉄により住宅地として開発され、駅東
側は同社が土地を寄付して慶応義塾大学
予科（現・教養課程）が1934（昭和9）年
に開校した。
◎元住吉〜日吉　1973（昭和48）年3月
撮影：山田 亮

1960年に登場した6000系4両の各停渋谷行。1958年に登場した5200系に次いで、東急ステンレスカーの第二弾。
◎武蔵小杉　1962（昭和37）年3月　撮影：園田正雄

デハ5000系3両の上り急行渋谷行。東横線の急行は1955年4月に運転開始され、当初はデイタイムだけだったが、10月から
は朝夕ラッシュ時に拡大され終日運転となった。渋谷〜横浜間を30分で結び、軽快な5000系は東京急行の名にふさわしく、
それまで急行がなく東京鈍行と皮肉られていたのを返上した。◎武蔵小杉　1956（昭和31）年1月　撮影：園田正雄

1948年に旧海軍工廠跡地に設立された東急横浜製作所（後の東急車輛）の牽引車モニ101。旧木造国電で、金沢八景〜神武寺間の京急逗子線3線区間で入出場車両の牽引車として使用された。
◎東急横浜製作所　1953（昭和28）年3月15日　撮影：江本廣一

1929年に当時の東京横浜電鉄が投入した凸形電気機関車（川崎車両製）で当初はデキ1形と称し、1942年（大東急成立時）にデキ3020形3021（1形式1両）となった。国鉄からの直通貨車の牽引や菊名での横浜線経由で運ばれた新車搬入にも使用された。1972年から長津田工場での入換えに使用され、1980年に車籍がなくなったが、その後も機械扱いで使用。◎元住吉
1955（昭和30）年3月29日　撮影：荻原二郎

元住吉検車区で待機するデハ5200形
ステンレスカー。1958年に登場した
わが国最初のステンレスカーで性能的
にはデハ5000系とほぼ同じ。渋谷⇔
日吉の行先表示がある。
◎元住吉検車区　1959（昭和34）年
撮影：吉村光夫

1964年8月から地下鉄日比谷線と東横線の直通運転が始まり、営団地下鉄（現・東京メトロ）3000系が日吉まで、東急7000系が北千住まで乗り入れた。日吉駅は1964年6月に改良工事が完成し、渋谷寄りに地下道、改札口が設置された。
◎日吉　1965（昭和40）年10月9日
撮影：荻原二郎

東横線反町〜横浜間の高島山トンネルをでる8000系の各停渋谷行。東白楽〜桜木町間の地上線は2004年1月30日限りで廃止され、反町の地上ホームも同日限りで廃止された。このトンネルは現在では遊歩道として地域の人々に利用されている。かつて反町〜東白楽間には新太田町駅が存在した。◎反町　1989（平成元）年8月17日　撮影：荻原二郎

桜木町停車中の7000系急行渋谷行。左側の国鉄（現・JR）線旧ホームは右側に曲がっているが、これは大正時代の京浜線桜木町〜蒔田（南太田付近）〜保土ヶ谷間延伸計画の名残である。◎桜木町　撮影：山田虎雄

桜木町から高島町方向をみたところ。手前にシーサスポイントがある。高島町〜桜木町間は1932年３月に高架単線で開通。上り線（写真左側）は国道上の歩道に張り出す形で建設され1956年９月に開通して複線化された。
◎桜木町　1987（昭和62）年３月12日　撮影：荻原二郎

桜木町駅の東横線8000系（クハ8044）。写真右はJRの桜木町駅。東急桜木町駅は1面2線で短時間で折り返したが、昼間は
閑散としていた。みなとみらい線との直通運転に伴い2004年1月30日限りで廃止された。
◎桜木町　1992（平成4）年3月20日　撮影：荻原二郎

乗降客が東横線で最も少なかった高島町駅の高架下。1928年5月、神奈川（現在は廃止）〜高島（後の高島町）間が開通して開設。
高架線下の改札付近には円形の装飾があり、昭和モダンの雰囲気が漂っていた。2004年1月30日限りで桜木町とともに廃止
された。◎高島町　1961（昭和36）年4月26日　撮影：荻原二郎

大井町線、田園都市線

クハ5150形5151が最後部の田園
都市線大井町行。5000系の制御
車クハ5150形は1959年に東横
線急行5両化（基本3両＋付属2
両）のために登場し、5両の少数
派。1970年から5000系の一部が
田園都市線に移動したが、この写
真は1967年の撮影でそれ以前にも
5000系が田園都市線で運行されて
いた。◎九品仏　1967（昭和42）
年8月7日　撮影：荻原二郎

大井町線で運行される非冷房時代の
7200系6両編成。7200系は1M方式
のステンレスカーで1967年に田園都
市線に投入され、1969年からは東横線
急行にも使用された。前面はダイヤモ
ンドカットと呼ばれる斬新なデザイン
だったが、翌1968年の鉄道友の会ロー
レル賞では票数が1位だったが「該当
なし」で受賞できなかった。
◎尾山台　1981（昭和56）年8月8日
撮影：荻原二郎

大岡山駅目蒲線ホームに到着の大岡山止りの6000系4両編成。大岡山駅は目蒲線、大井町線の接続駅で線路別ホームだったが、1997年6月に地下化され、ホームも同一方向となり乗り換えが便利になった。1924年、目黒蒲田電鉄は土地を提供し東京工業大学（当時は東京高等工業）を大岡山に誘致した。◎大岡山　撮影：荻原二郎

東急8500系の地下鉄半蔵門線直通青山一丁目行。1977年4月7日、新玉川線が開通したが渋谷～二子玉川園（一部は鷺沼）間の折返し運転で、二子玉川園駅では用地の制約でシーサスポイントを設置できなかったため。2、3番線の間にＹ字ポイントを2個組合せた変則ポイントが設置された。1978年8月1日から全列車が地下鉄半蔵門線と直通した。
◎二子玉川園（現・二子玉川）　1978（昭和53）年8月26日　撮影：荻原二郎

多摩川に架かる二子橋上を単線の併用軌道で渡る大井町線6000系。写真右側には専用の鉄道橋が建設中で1966年3月に完成し、併用軌道は廃止された。
◎二子玉川園（現・二子玉川）〜二子新地前（現・二子新地）　1965（昭和40）年12月22日　撮影：荻原二郎

二子橋を渡るデハ3450形3497を先頭にした溝ノ口（現・溝の口）行。写真右側には専用の鉄道橋が建設中で1966年3月に完成し、併用軌道は廃止された。道路橋に敷設された併用軌道は路面電車では多数あるが、高速電車では二子橋と名鉄犬山線木曽川鉄橋だけだった。長野電鉄村山鉄橋は鉄道、道路併設だが併用軌道ではない。
◎二子玉川園（現・二子玉川）〜二子新地前（現・二子新地）　1965（昭和40）年11月27日　撮影：荻原二郎

高架化される前の二子新地前（現・二子新地）に到着する5200系（先頭はデハ5201）。5200系は1958年に登場したわが国初のステンレスカー（セミステンレス）で形態は5000系に似ている。二子新地前は田園都市線溝の口〜長津田間開通直前の1966年3月、二子鉄橋（鉄道橋）の完成と同時に高架化された。
◎二子新地前（現・二子新地）　1965（昭和40）年4月22日　撮影：荻原二郎

田園都市線の延長に先立ち、溝ノ口（現・溝の口）駅が高架化された。1966年1月20日から溝ノ口は溝の口に改称された（同時に鵜ノ木、自由ヶ丘、緑ヶ丘、久ヶ原も鵜の木、自由が丘、緑が丘、久が原となる）。写真のクハ3660形3661は戦時中に焼失した小田原線（現・小田急）電動車の復旧のために1947年に製造された車体に戦災木造国電の台車を取付けた16m車。
◎溝ノ口（現・溝の口）1966（昭和41）年8月25日　撮影：荻原二郎

二子橋を渡り二子玉川園（現・二子玉川）駅に近づく大井町線電車。国道246号も未舗装である。
◎二子玉川園（現・二子玉川）
1962（昭和37）年6月20日
撮影：荻原二郎

田園都市線の長津田延長に備え溝ノ口（現・溝の口）駅が高架化された。写真は二子玉川園（現・二子玉川）方面を見たところでデハ3450形3496が先頭の下り電車が到着するところ。写真の左下には旧線跡が見える。
◎高津〜溝ノ口（現・溝の口）
1966（昭和41）年8月25日
撮影：荻原二郎

旧型車4両の田園都市線長津田行。最後部のデハ3450形3450はトップナンバーで車体は更新されたが両運転台のままだった。この車両は後にモハ510形510に復元され、現在は電車とバスの博物館に保存されている。
◎梶が谷　1975（昭和50）年11月　撮影：山田 亮

田園都市線のデハ5200形、5000系と同様に正面窓内側に行先方向幕がある。側面にコルゲートが入り「湯たんぽ」の愛称がある。◎鷺沼検車区　1973（昭和48）年11月　撮影：山田 亮

開通後間もない田園都市線を行く3000系旧型車４両の大井町行。先頭はデハ3450形3461。デハ3450形は1931〜36年に当時の目黒蒲田電鉄、東京横浜電鉄が投入したモハ510形で総数50両。製造当初は両運転台、前面非貫通。1953年から片運転台化、正面貫通化、1963年から車体更新が始まり側面窓が上に拡大された。このデハ3461は正面非貫通のまま。
◎宮崎台　1966（昭和41）年４月18日　撮影：荻原二郎

田園都市線開通を控え、鷺沼検車区に搬入された7000系デハ7052と旧形クハ3770形クハ3775。クハ3770形はデハ3600形、クハ3670形とともに1948〜52年に戦災廃車された17m国電を復旧した車両で、このクハ3775は1963年に車体が更新された。周囲は造成中で開発途上の風景であり、現在は東京メトロ半蔵門線の鷺沼車両基地となっている。
◎鷺沼検車区　1966（昭和41）年２月11日　撮影：荻原二郎

使用停止となったデハ3200形3202。左はサハ3100形。◎鷺沼検車区　1969（昭和44）年4月　撮影：園田正雄

江田に到着するデハ3450形3471先頭の長津田行2両編成。田園都市線開通当初、昼間の一部列車は3000系、7000系とも鷺沼で分割併合され、鷺沼〜長津田間は2両だった。この3450形は車体更新後で外板が張り替えられている。後方の丘陵は後に土地区画整理事業で山が崩されたため、90年代初めにトンネルが撤去された。
◎江田　1966（昭和41）年4月24日　撮影：荻原二郎

デハ3450形3472を先頭にした2両編成の大井町行。田園都市線開通時、日中の列車は鷺沼で分割併合した。写真後方が藤が丘方面で途中に鶴見川を渡る鉄橋がある。周囲は見渡す限り農地と丘陵で多摩田園都市の原風景である。
◎藤が丘〜市が尾 1966（昭和41）年5月10日 撮影：荻原二郎

長津田まで開通した時点の田園都市線は7000系および旧型3000系が運行された。デハ3450形3464を先頭にした長津田行。
デハ3464は戦後に片運転台化、正面貫通化されたが、車体更新前で車体側面は原形をとどめている。後方は国道246号との立
体交差。◎青葉台　1966（昭和41）年4月10日　撮影：荻原二郎

橋上駅舎によって横浜線との連絡が改善された長津田駅ホーム。横浜線の電車は磯子行きである。
東急のホームではつくし野行7200系が停車中。◎長津田　1968（昭和43）年4月1日　撮影：荻原二郎

1968年に長津田〜つくし野間が延伸開業し、7200系４両の記念列車が運転された。つくし野駅の計画時の仮称は「小川」だった。◎つくし野　1968（昭和43）年４月１日　撮影：荻原二郎

こどもの国線

1965年５月に開園したこどもの国への交通手段として1967年４月28日にこどもの国線が開通した。路線免許はこどもの国協会（当時は特別法による法人、現在は社会福祉法人）が取得し、東急に運営を委託した。車両は専用塗装のデハ3405＋クハ3662の２両編成。同線は2000年３月から通勤線化された。◎こどもの国　1970（昭和45）年３月21日　撮影：荻原二郎

目蒲線、池上線

目黒付近を走る目蒲線の車両。手前の架線の下は山手線の旅客線と貨物線が走る線路がある。現在貨物線には湘南新宿ライン、埼京線などが使用し、2019年11月から相模鉄道に直通する電車が運転されるようになった。
◎目黒～不動前
1964（昭和39）年3月21日
撮影：小川峯生

右手に在りし日の多摩川園遊園地が見える。同園は阪急の創立者小林一三にならって、同社の宝塚遊園地、歌劇場、温泉施設などを参考に1925（大正14）年12月に開園した。1964年には年間入場者100万人を記録。しかし、レジャーの多様化や周辺の市街地化が進んだため1979年6月に閉園した。
◎多摩川園前（現・多摩川）
1960（昭和35）年1月23日
撮影：小川峯生

目蒲線で運用された5000系。萌えるような明るいグリーン塗装である。2000年の目蒲線分断により多摩川～蒲田間は東急多摩川線となったが、羽田空港へのアクセス改善のため、東急の蒲田駅と京急蒲田駅を結ぶ新たな鉄道路線（蒲蒲線）の検討が進められている。
◎沼部
1980（昭和55）年3月30日
撮影：吉村光夫

蒲田駅のデハ3200形3205。当時の東急の蒲田駅は戦災から復旧したままの応急建築だった。
◎蒲田　1955（昭和30）年8月9日　撮影：小川峯生

池上線を行くクハ3770形3772先頭の4両編成。池上本門寺、洗足池、戸越銀座と池上線はゆったり流れる時間を楽しめる。
◎石川台　1968（昭和43）年4月21日　撮影：荻原二郎

デハ3200形3204、もと池上電気鉄道のモハ300形。1927年川崎車輛（現・川崎重工）製造で、当時の川崎車両標準形。
◎大崎広小路　1961（昭和36）年11月29日　撮影：荻原二郎

デハ3150形3154、もと池上電気鉄道のモハ200形で1927年製造。デハ3200形と同じく川崎車両標準形。池上電気鉄道（現・池上線）1928年全線開通し、1934年に目黒蒲田電鉄に合併された。
◎石川台　1964（昭和39）年10月3日　撮影：荻原二郎

石川台付近の掘割区間を行くデ
ハ3200形3204先頭の3両編
成。塗色は緑になっている。こ
のあたりの風景は今でもあまり
変わっていない。
◎石川台
1968（昭和43）年4月21日
撮影：荻原二郎

デハ3400形3403。1928年に
製造された目黒蒲田電鉄モハ
500形である。
◎池上
1972（昭和47）年5月4日
撮影：荻原二郎

デハ3300形3309。大正時代末
期に目黒蒲田電鉄が鉄道省から
払い下げを受けた木造省線電車
を1936～40年に鋼体化した
車両で当時はモハ150形と称し
た。
◎池上
1972（昭和47）年5月18日
撮影：荻原二郎

玉川線、砧線

東横百貨店（後の東急百貨店東横店）西館２階にあった玉川線渋谷駅改札口。停車中の電車はデハ70形76。玉川線廃止後、1970年に玉川線ホームの場所は東名急行バス（渋谷〜名古屋間、1975年３月廃止）のバスターミナルになり、バス転向用のターンテーブルが設置された。◎渋谷　1961（昭和36）年12月13日　撮影：荻原二郎

東横百貨店（後の東急百貨店東横店）西館２階にあった玉川線渋谷駅。デハ70形76が停車中。右の地下鉄銀座線、左の京王井の頭線に挟まれた谷間のような場所だった。◎渋谷　1961（昭和36）年12月13日　撮影：荻原二郎

国道246号を走る「ペコちゃん」デハ200形。正面運転席の窓が開いていてペコちゃんがウインクしているようである。車は軌道内通行可でこれが電車の遅延の原因だった。◎大橋　1969（昭和44）年5月　撮影：山田　亮

国道246号上の併用軌道を走る「ペコちゃん」の愛称があるデハ200形205の渋谷行。国道246号は1964年の東京五輪を機に拡幅されたが、後に首都高速3号線が覆いかぶさるように建設された。片側3車線だが道路は渋滞し、玉電は「ジャマ電」といわれ渋滞の原因とすらいわれた。背後には大型マンション「駒場ネオパレス」が建設中。
◎大橋　1969（昭和44）年2月12日　撮影：荻原二郎

三軒茶屋での下高井戸方面との分岐点とデハ46-デハ45の「連結2人乗り」。デハ40形は玉川電気鉄道（玉電）時代の1928年に登場し、1952年に車体延長、総括制御化改造が行われたが1968～69年に廃車。画面右後方に下高井戸方面へのホームが見える。◎三軒茶屋　1969（昭和44）年3月6日　撮影：荻原二郎

玉川線は桜新町付近から玉電瀬田付近までは国道246号（新道）から別れ旧大山街道を走り、沿線は雑木林もあり、昔ながらの
風景が残っていた。旧大山街道を走るデハ80形103を先頭にした2両編成。
◎用賀〜桜新町　1968（昭和43）年10月22日　撮影：荻原二郎

玉川線は玉電瀬田で国道246号（玉川通り）と別れ、専用軌道に入り勾配を下り二子玉川園へ向かう。電車はデハ60形62。後方にはデハ80形2両が停車中。デハ60形は1939年に木造車を鋼体化し、車体を新造。1969年の玉川線廃止時に廃車。画面左の専用軌道は新玉川線に転用された。◎玉電瀬田　1968（昭和43）年10月14日　撮影：荻原二郎

二子玉川園を発車するデハ150形2両連結の渋谷行。デハ150形は1964年に登場し、鋼製車体だが側面下部にコルゲーションが入っている。このデハ150は世田谷線にも引き継がれた。◎二子玉川園　1969（昭和44）年5月　撮影：山田 亮

用賀駅に掲げられた地元商店会、町内会、自治会の玉電への感謝の看板。◎用賀　1969（昭和44）年5月　撮影：山田 亮

用賀を発車するデハ80形2両連結の渋谷行。用賀付近は専用軌道で郊外電車の雰囲気が漂っていた。現在この付近は道路で、ビル、マンションが並び当時の面影はない。◎用賀　1969（昭和44）年5月　撮影：山田 亮

二子玉川園で折り返すデハ40形52。このデハ52はデハ40形の最終番号だが、実はデハ30形35を改番したもの。デハ30形は玉川電気鉄道が1927年に投入した車両。左の高架線は田園都市線大井町方面。
◎二子玉川園　1969（昭和44）年2月15日　撮影：田尻弘行

二子玉川園と砧本村（きぬたほんむら）を結んでいた砧線も玉川線と同時の1969年５月10日限りで廃止された。吉沢を発車するデハ60形２両編成。右に砧線廃止反対の看板が見える。◎吉沢　1968（昭和43）年12月26日　撮影：荻原二郎

東急玉川線の支線である砧線は、1924（大正13）年３月に開業し、1969（昭和44）年５月に廃止された。終着駅だった砧本村駅付近には、わかもと製薬の東京（玉川）工場はあったが、現在は駒沢大学玉川校舎になっている。駅の跡地は公園、バスターミナルに変わっている。◎砧本村　撮影：山田虎雄

三軒茶屋〜下高井戸間は専用軌道で東急世田谷線として存続し、都電荒川線（東京さくらトラム）とともに東京のLRTとして貴重な存在である。上町に向かって走る「ペコちゃん」デハ200形201下高井戸行。
◎上町　1969（昭和44）年4月30日　撮影：荻原二郎

玉電山下（現・山下）で小田急と交差するデハ80形108。前面行先表示は渋谷〜下高井戸となっていて渋谷から直通した。玉電山下は小田急線の北側にあり、写真左側に小田急線の豪徳寺駅がある。小田急デハ1600形1609と交差。小田急1600形は東急3500形など似たスタイルでドア間の窓が４つ、17m３扉の旧型国電同様の窓配置だった。
◎玉電山下（現・山下）　1969（昭和44）年５月４日　撮影：荻原二郎

1967（昭和42）年7月改正時の時刻表

7/17 改正　　東　京　急　行　電　鉄

初電	終電	キロ数	運賃	（東横線）	初電	終電	間　隔
500	006	0.0	円	渋　　谷	544	049	
507	013	3.2	20	祐　天　寺	538	042	
509	015	4.2	20	学芸大学	536	040	
511	017	5.6	20	都立大学	534	038	
513	020	7.0	30	自由が丘	532	036	普　急
515	022	8.2	30	田園調布	530	034	通　行
517	024	9.1	30	多摩川園前	528	032	
521	026	10.9	40	武蔵小杉	525	028	3 朝日
523	029	12.1	40	元　住　吉	523	026	｜夕中
525	031	13.6	40	日　　吉	520	024	101812
527	034	15.8	50	綱　島	518	022	分分分
532	038	18.8	60	菊　名	513	017	
541	046	24.2	70	横　浜	504	008	
543	049	25.0	70	高　島　町	502	006	
545	050	26.3	80	桜　木　町	500	004	

初電	終電	キロ数	運賃	（田園都市線）	初電	終電	
526	2329	0.0	円	大　井　町			大梶梶長
533	2336	3.2	20	旗　の　台	601	022	井かが津
536	2339	4.7	20	大　岡　山	557	019	町谷谷田
539	2343	6.3	30	自由が丘	554	016	
547	2350	10.4	40	二子玉川園	547	008	4 13
551	2355	12.4	40	溝　の　口	542	004	｜ ｜
559	004	16.7	60	鷲　沼	535	2356	8 16
		26.6	90	長　津　田	521	2340	分分毎

初電	終電	キロ数	運賃	（目蒲線）	初電	終電	間　隔
515	001	0.0	円	目　　黒	540	025	
519	005	2.0	20	武蔵小山	536	022	
522	008	3.5	20	洗　足	533	020	3
523	009	4.3	20	大　岡　山	531	017	｜
525	011	5.6	20	奥　沢	529	015	10
527	013	6.6	30	田園調布	527	013	分
529	015	7.5	30	多摩川園前	526	010	
534	020	10.1	40	下　丸　子	521	005	
539	025	13.1	40	蒲　田	516	2400	

初電	終電	キロ数	運賃	（池上線）	初電	終電	
515	000	0.0	円	五　反　田	540	025	3
522	007	3.1	20	旗　の　台	533	018	｜
525	010	4.3	20	洗　足　池	530	015	10
528	013	5.6	20	雪が谷大塚	527	012	分
536	021	9.1	30	池　　上	519	004	毎
540	025	10.9	40	蒲　田	515	2400	

初電	終電	キロ数	運賃	（玉川線）	初電	終電	
500	020	0.0	円	渋　　谷	508	038	3
505	025	2.5	20	大　橋	503	027	｜
510	030	3.2	20	三軒茶屋	458	022	5
517	037	5.2	20	駒　沢	456	015	分
528	048	9.1	20	二子玉川園	440	004	
844	1815	0.0	円	長　津　田	859	1835	32
849	1820	3.4	30	こどもの国	854	1830	分

渋谷―下高井戸　8.3キロ　20円　頻繁運転　　　二子玉川園―砧本村　2.2キロ　20円　15―20分毎

◎渋谷　1953（昭和28）年3月
撮影：竹中泰彦

3章
東急電鉄の懐かしい駅舎

大岡山駅と東京工業大学。駅の両側に目黒蒲田電鉄から寄付された大学敷地が広がる、駅は線路別で2面4線だった。現在は地下化されている。写真手前の電車はデハ3500形先頭の目黒行。◎大岡山　1970（昭和45）年　撮影：山田虎雄

東横線

渋谷　しぶや
【所在地】東京都渋谷区道玄坂 2-1-1
【開業】東横線、1927（昭和2）年8月28日、田園都市線、1977（昭和52）年4月7日
【キロ程】0.0km（渋谷起点）　【ホーム】東横線、2面4線　田園都市線、1面2線
【乗降人員】472,709人（東横線・2019年度）、688,510人（田園都市線・2019年度）

中央上側から渋谷川の流れに沿って続く高架線には、東横線の渋谷駅ホームに入ろうとする列車が見える。その手前には増設を重ねていった駅ホームの屋根が並んでいる。周囲には新しいビルがあるものの、渋谷の街と鉄道は戦災からの復興の途中であり、痛々しい姿の建物が多く残っていた。◎渋谷　1962（昭和37）年2月　撮影：小川峯生

乗客の増加に対応するべく、頭上空間をもつ新しい渋谷駅の建設風景。1964（昭和39）年に完成した。かまぼこ型の屋根を枕木方向に並べ、道路に面した扇形の壁面デザインは新鮮であった。◎渋谷　1963（昭和38）年10月28日　撮影：荻原二郎

関東大震災後に発展した渋谷には1934（昭和9）年、私鉄が運営する関東初のターミナルデパート、東横百貨店が開店した。戦後もこの百貨店は、渋谷という街の賑わいの中心にいたが、これは東横百貨店ビルの1階、東急渋谷駅の入口付近の姿である。
◎渋谷　1960（昭和35）年12月　撮影：荻原二郎

高架駅だった頃の東横線の渋谷駅ホーム。桜木町行きの急行が停車している。1927（昭和2）年8月に誕生したときには島式1面2線のホームだったが、それ以来、増設を重ねて、最後は頭端式4面4線のホームになっていた。2013（平成25）年3月、現在のような地下駅に変わっている。◎渋谷　撮影：山田虎雄

JR渋谷駅のハチ公口前に開かれている東急新玉川線の渋谷駅（地下駅）の地上出入口。路面電車だった玉川線に変わって、1977（昭和52）年4月に地下線として開通した新玉川線は、現在は田園都市線の一部となっている。
◎渋谷　1977（昭和52）年4月　撮影：山田虎雄

代官山　だいかんやま
【所在地】東京都渋谷区代官山町19-4
【開業】1927（昭和2）年8月28日
【キロ程】1.5km（渋谷起点）
【ホーム】2面2線
【乗降人員】31,241人（2019年度）

代官山は、開通当時よりトンネル（隧道）入口に接した駅で、付近は同潤会アパートを中心とした緑の多い静かな住宅地であった。時代が平成になったころから、駅を中心にブティックやカフェが立ち並ぶお洒落な、ファッションの街へと変貌を遂げた。
◎代官山　1964（昭和39）年8月22日　撮影：荻原二郎

中目黒　なかめぐろ
【所在地】東京都目黒区上目黒3-4-1
【開業】1927（昭和2）年8月28日
【キロ程】2.2km（渋谷起点）
【ホーム】2面4線
【乗降人員】196,777人（2019年度）

1927（昭和2）年8月の開業時から、相対式ホーム2面2線をもつ高架駅だった中目黒駅。この後、1963（昭和38）年から営団地下鉄（現・東京メトロ）日比谷線の乗り入れに伴う駅改良工事が始まることとなる。これは駅改良工事が始まる前の改札口付近の姿である。
◎中目黒　1961（昭和36）年12月11日　撮影：荻原二郎

祐天寺　ゆうてんじ
【所在地】東京都目黒区祐天寺2-13-3
【開業】1927（昭和2）年8月28日
【キロ程】3.2km（渋谷起点）
【ホーム】2面3線
【乗降人員】32,013人（2019年度）

1964（昭和39）年3月に3階建ての駅ビルに変わった、祐天寺駅東口駅舎。階上には横浜銀行の支店が入っていた。2018（平成30）年10月に現在のような6階建て、商業施設「エトモ祐天寺」などが入った新しい駅ビル（東急祐天寺駅ビル）になっている。
◎祐天寺　撮影：山田虎雄

学芸大学　がくげいだいがく
【所在地】東京都目黒区鷹番3-2-1
【開業】1927（昭和2）年8月28日
（碑文谷→青山師範→第一師範→学芸大学）
【キロ程】4.2km（渋谷起点）　【ホーム】1面2線
【乗降人員】77,850人（2019年度）

写真スタジオ、ハウジングギャラリーなど、さまざまな店の看板が見える学芸大学駅の構内。改札口から入った奥には、立ち食いそばのスタンドもある。1970（昭和45）年11月に高架駅となって以来、駅の構内や周辺の風景にはあまり変化はない。
◎学芸大学　撮影：山田虎雄

都立大学　とりつだいがく
【所在地】東京都目黒区中根1-5-1
【開業】1927（昭和2）年8月28日
　（柿ノ木坂→府立高等前→府立高等→都立高校→都立大学）
【キロ程】5.6km（渋谷起点）　【ホーム】2面2線
【乗降人員】49,045人（2019年度）

1927（昭和2）年8月に柿の木坂駅として開業して以来、最寄りの学校（東京都立大学）の校名変化に伴って、駅名は変化を重ねてきた。1952（昭和27）年7月に現在の駅名（都立大学）になり、1961（昭和36）年9月に相対式2面2線のホームをもつ高架駅に変わった。
◎都立大学　撮影：山田虎雄

自由が丘　じゆうがおか
【所在地】東京都目黒区自由が丘1-9-8
【開業】東横線、1927（昭和2）年8月28日
　（九品仏→自由ヶ丘→自由が丘）
　大井町線、1929（昭和4）年11月1日
　（自由ヶ丘→自由が丘）
【キロ程】7.0km（渋谷起点）、6.3km（大井町起点）
【ホーム】東横線、2面4線、大井町線、2面2線
【乗降人員】98,557人（東横線・2019年度）
　　　　　57,603人（大井町線・2019年度）

東横線の高架ホームが見える、自由が丘駅の駅前風景である。駅前（正面口）のロータリーには1961（昭和36）年に女神像が設置されており、右側の駅ビルの手前にその姿を見ることができる。看板に見える駅名「自由が丘」は、1966（昭和41）年1月まで「自由ヶ丘」だった。◎自由が丘　撮影：山田虎雄

田園調布　でんえんちょうふ

【所在地】東京都大田区田園調布3-25-18
【開業】目黒線、1923（大正12）年3月11日（調布→田園調布）
　　　　東横線、1927（昭和2）年8月28日
【キロ程】8.2km（渋谷起点）、6.5km（目黒起点）　【ホーム】2面4線
【乗降人員】23,342（東横線・2019年度）、12,572（目黒線・2019年度）

「マンサード・ルーフ」という独特の屋根をもっていた洋館風の田園調布駅で、この地域のランドマークとなっていた。旧駅舎は1990（平成2）年9月に解体された後、2000（平成12）年1月に駅前に復元された。現在は島式ホーム2面4線をもつ地下駅と変わっている。◎田園調布　撮影：山田虎雄

多摩川　たまがわ

【所在地】東京都大田区田園調布1-53-8
【開業】目黒線・東急多摩川線、1923（大正12）年3月11日
　　　　（多摩川→丸子多摩川→多摩川園前→多摩川園→多摩川）
　　　　東横線、1926（大正15）年2月14日
　　　　（丸子多摩川→多摩川園前→多摩川園→多摩川）
【キロ程】9.0km（渋谷起点）、7.3km（目黒起点）　【ホーム】3面6線
【乗降人員】14,146人（東横線・2019年度）
　　　　　　3,789人（目黒線・2019年度）
　　　　　　4,120人（東急多摩川線・2019年度）

温泉遊園地だった「多摩川園」の玄関口となっていた多摩川園駅。1923（大正12）年3月、目黒蒲田電鉄（現・東急目黒線）の多摩川駅として開業した。現在は2面4線の構造で外側が東横線、内側が目黒線のホームとして機能している。
◎多摩川　撮影：山田虎雄

新丸子　しんまるこ
【所在地】神奈川県川崎市中原区新丸子町766
【開業】1926 (大正15) 年2月14日
【キロ程】10.3km (渋谷起点)、8.6km (目黒起点)
【ホーム】2面4線
【乗降人員】20,655人 (東横線・2019年度)
　　　　　6,884人 (目黒線・2019年度)

自動券売機、両替機が並んでいる新丸子駅の駅前風景である。駅周辺は戦前から三業地 (花街) として栄え、東口付近には料亭が建ち並んでいた。新丸子駅はこの頃、地上駅舎であり、相対式ホームを有していた。1988 (昭和63) 年3月に島式2面4線のホームをもつ高架駅に変わっている。◎新丸子　撮影：山田虎雄

武蔵小杉　むさしこすぎ
【所在地】神奈川県川崎市中原区小杉町3-472
【開業】1945 (昭和20) 年6月16日
【キロ程】10.8km (渋谷起点)、9.1km (目黒起点)
【ホーム】2面4線
【乗降人員】173,414人 (東横線・2019年度)
　　　　　49,842人 (目黒線・2019年度)

「むさし小杉駅」の駅名看板や小さな駅前売店、パチンコ店、キャバレーのネオン広告が時代を感じさせる、東急の武蔵小杉駅の駅前風景。東急の武蔵小杉駅は、太平洋戦争末期の1945 (昭和20) 年6月、南武鉄道 (現・JR南武線) と連絡するための暫定的な駅として開業している。◎武蔵小杉　撮影：山田虎雄

元住吉　もとすみよし
【所在地】神奈川県川崎市中原区木月1-36-1
【開業】1926（大正15）年2月14日
【キロ程】12.1km（渋谷起点）、10.4km（目黒起点）
【ホーム】2面6線
【乗降人員】47,049人（東横線・2019年度）
　　　　　　20,804人（目黒線・2019年度）

1926（大正15）年2月に開業した元住吉駅は、戦前に橋上駅になった後、1961（昭和36）年12月に駅舎を北側に移して地下駅になった。これは地下駅時代の地上出入り口の風景である。2006（平成18）年9月には再度移転して、現在のような高架駅に変わっている。◎元住吉　撮影：山田虎雄

日吉　ひよし
【所在地】神奈川県横浜市港北区日吉2-1-1
【開業】1926（大正15）年2月14日
【キロ程】13.6km（渋谷起点）、11.9km（目黒起点）
【ホーム】2面4線
【乗降人員】148,863人（東横線・2019年度）
　　　　　　57,438人（目黒線・2019年度）

日吉駅では昭和の終わりから平成にかけて、大規模な改良工事が続けられており、1991（平成3）年11月に工事が完成し、現在のような島式ホーム2面4線を有する半地下の駅が誕生する。駅の開業は1926（大正15）年2月であり、当初は相対式ホームを有していた。◎日吉　撮影：山田虎雄

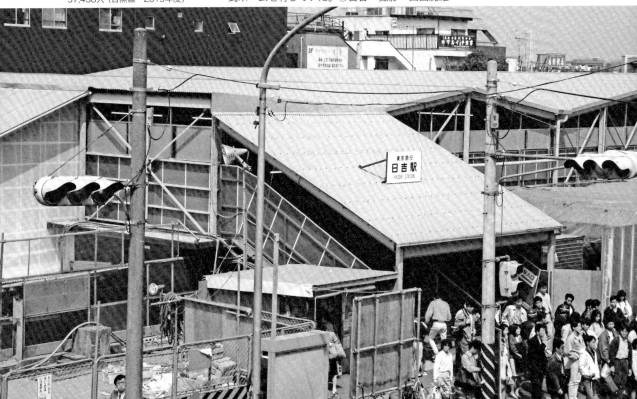

綱島　つなしま

【所在地】神奈川県横浜市港北区綱島西1-1-8
【開業】1926（大正15）年2月14日（綱島温泉→綱島）
【キロ程】15.8km（渋谷起点）
【ホーム】2面2線
【乗降人員】103,630人（2019年度）

戦前から戦後にかけて「東京の奥座敷」として賑わいを見せた、綱島温泉の玄関口、綱島駅。1926（大正15）年2月の開業時は、その名も「綱島温泉」だった。どこか長閑な雰囲気を漂わせているこの駅舎は1963（昭和38）年11月に高架化されて、大きく様変わりした。◎綱島　1961（昭和36）年6月14日　撮影：荻原二郎

大倉山　おおくらやま

【所在地】神奈川県横浜市港北区大倉山1-1-1
【開業】1926（大正15）年2月14日（太尾→大倉山）
【キロ程】17.5km（渋谷起点）
【ホーム】2面2線
【乗降人員】55,464人（2019年度）

大時計が付いたモニュメントが置かれている大倉山駅の駅前風景である。大倉山駅は1926（大正15）年2月に太尾駅として開業し、1932（昭和7）年3月に現在の駅名となった。この駅は相対式ホーム2面2線を有する高架駅だが、傾斜地にあるために渋谷側は地上と同じ高さになっている。◎大倉山　撮影：山田虎雄

菊名 きくな
【所在地】神奈川県横浜市港北区菊名7-1-1
【開業】1926（大正15）年2月14日
【キロ程】18.8km（渋谷起点）
【ホーム】2面4線
【乗降人員】136,992人（2019年度）

JR横浜線との連絡駅となっている菊名駅では、東京横浜電鉄（現・東急東横線）、国鉄（現・JR）の駅が1926（大正15）年2月、同年9月にそれぞれ開業している。東急の菊名駅は1972（昭和47）年7月、線路を嵩上げして、島式ホーム2面4線を有する橋上駅舎に変わった。◎菊名　撮影：山田虎雄

妙蓮寺 みょうれんじ
【所在地】神奈川県横浜市港北区菊名1-1-1
【開業】1926（大正15）年2月14日（妙蓮寺前→妙蓮寺）
【キロ程】20.2km（渋谷起点）
【ホーム】2面2線
【乗降人員】26,102人（2019年度）

各駅停車のみが停車する妙蓮寺駅。1926（大正15）年2月の開業時は、「妙蓮寺前」の駅名だった。駅名の由来である妙蓮寺は日蓮宗の寺院で、1908（明治41）年に妙仙寺、蓮光寺が合併して、両寺から一字ずつを取る形で創建。その後、現・東横線が境内を通ることになり、駅が設置された。
◎妙蓮寺　撮影：山田虎雄

白楽　はくらく

【所在地】神奈川県横浜市神奈川区白楽100
【開業】1926（大正15）年2月14日
【キロ程】21.4km（渋谷起点）
【ホーム】2面2線
【乗降人員】44,323人（2019年度）

「白楽」という地名、駅名の由来は、馬に関係する仕事をする伯楽（博労・馬喰）が多く住んでいたことによる。白楽駅の開業は1926（大正15）年2月で、お隣の妙蓮寺、東白楽駅と同様、各駅停車のみが停車する。白楽駅には長く、この東口しか存在しなかった。
◎白楽　撮影：山田虎雄

東白楽　ひがしはくらく

【所在地】神奈川県横浜市神奈川区白楽12-1
【開業】1927（昭和2）年3月10日
【キロ程】22.1km（渋谷起点）
【ホーム】2面2線
【乗降人員】15,031人（2019年度）

この東白楽駅は高架駅であり、神奈川県道横浜上麻生線を斜めに跨ぐ形で置かれている。1927（昭和2）年3月の開業当時は地上駅で、1930（昭和5）年11月に高架化された。駅の構造は相対式ホーム2面2線で、お隣の白楽駅との距離は、0.7キロとかなり短い。
◎東白楽　撮影：山田虎雄

反町 たんまち
【所在地】神奈川県横浜市神奈川区上反町1-1
【開業】1926（大正15）年2月14日
【キロ程】23.3km（渋谷起点）
【ホーム】1面2線
【乗降人員】13,562人（2019年度）

地上駅だった頃の反町駅で、手前に歩道橋が存在している。この駅舎は1960（昭和35）年に改築された。その後、2004（平成16）年1月、東横線と横浜高速鉄道みなとみらい線の相互直通運転開始に伴って地下ホームに変わり、2006（平成18）年3月から新駅舎の使用が開始された。◎反町　撮影：山田虎雄

横浜 よこはま
【所在地】神奈川県横浜市西区南幸1-1-1
【開業】1928（昭和3）年5月18日
【キロ程】24.2km（渋谷起点）
【ホーム】1面2線
【乗降人員】364,270人（2019年度）

現在のJR横浜駅（三代目）が移転、誕生する5か月前の1928（昭和3）年5月に開業した東急の横浜駅。この頃は島式1面2線の高架ホームを使用していた。その後、ホームは相対式の構造に変わった後、2004（平成16）年1月に現在のような地下駅になっている。
◎横浜　1961（昭和36）年4月26日　撮影：荻原二郎

田園都市線

池尻大橋　いけじりおおはし
【所在地】東京都世田谷区池尻3-2
【開業】1977（昭和52）年4月7日
【キロ程】1.9km（渋谷起点）
【ホーム】2面2線
【乗降人員】63,364人（2019年度）

路面電車の東急玉川線（玉電）時代には、大橋と池尻という2つの電停が存在したが、新玉川（現・田園都市）線では池尻大橋駅に統一された。1977（昭和52）年4月に開業した地下駅で、これは大橋側、東口の地上出入口であり、玉川通り（国道246号）の上に置かれている。◎池尻大橋　撮影：山田虎雄

三軒茶屋　さんげんぢゃや
【所在地】東京都世田谷区太子堂2-15
【開業】世田谷線、1925（大正14）年1月18日
　　　　田園都市線、1977（昭和52）年4月7日
【キロ程】3.3km（渋谷起点）
【ホーム】田園都市線2面2線、
　　　　　世田谷線2面1線
【乗降人員】142,028人（2019年度）

「さんちゃ」として親しまれて、今も昔もおしゃれな飲食店、個性的な商店などを目当てに、多くの人々が集まる街となっている三軒茶屋。街の玄関口となっている東急の三軒茶屋駅の駅前風景である。田園都市線の駅は地下駅であり、地上を走る世田谷線の三軒茶屋駅と連絡している。
◎三軒茶屋　撮影：山田虎雄

駒沢大学　こまざわだいがく
【所在地】東京都世田谷区上馬4-3
【開業】1977（昭和52）年4月7日
【キロ程】4.8km（渋谷起点）
【ホーム】1面2線
【乗降人員】80,468人（2019年度）

東急玉川線時代には、駒沢電停が存在していたが、新玉川（現・田園都市）線では駒沢大学駅となり、真中電停があった場所付近に設置されている。駅の開業は1977（昭和52）年4月で、駅の構造は島式ホーム1面2線の地下駅で、国道246号の地下に置かれている。
◎駒沢大学　撮影：山田虎雄

桜新町　さくらしんまち
【所在地】東京都世田谷区桜新町2-8
【開業】1977（昭和52）年4月7日
【キロ程】6.3km（渋谷起点）
【ホーム】2面4線（うち乗降は2面2線）
【乗降人員】73,288人（2019年度）

この桜新町駅の歴史も1907（明治40）年4月に開業した玉川電気鉄道（玉電）の桜新町電停にさかのぼる。現・田園都市線の桜新町駅の開業は1977（昭和52）年4月であり、漫画・アニメの「サザエさん」で有名な、長谷川町子美術館の最寄り駅となっている。
◎桜新町　撮影：山田虎雄

用賀　ようが

【所在地】東京都世田谷区用賀2-39
【開業】1977（昭和52）年4月7日
【キロ程】7.6km（渋谷起点）
【ホーム】2面2線
【乗降人員】67,550人（2019年度）

現在は、東急玉川線の車庫用地を整備、再開発して誕生した商業・業務施設「世田谷ビジネススクエア」の最寄り駅となっている用賀駅。砧公園、世田谷美術館、馬事公苑などを訪ねる人も利用する駅である。駅の構造は相対式ホーム2面2線の地下駅で、準急、各駅停車が停車する。◎用賀　撮影：山田虎雄

二子玉川　ふたこたまがわ

【所在地】東京都世田谷区玉川2-22-13
【開業】田園都市線、1927（昭和2）年7月15日
　　　　（二子玉川→二子読売園→二子玉川→二子玉川園→二子玉川）
　　　　大井町線、1929（昭和4）年11月1日
　　　　（二子玉川→二子読売園→二子玉川→二子玉川園→二子玉川）
【キロ程】9.4km（渋谷起点）、10.4km（大井町起点）
【ホーム】2面4線
【乗降人員】102,468人（田園都市線・2019年度）
　　　　　 60,672人（大井町線・2019年度）

二子玉川園駅の駅前風景。大井町線との接続駅だが、1966（昭和41）年4月、この開業に合わせて田園都市線の駅が高架駅となった。現在は見違えるような駅前風景に変わっている。
◎二子玉川　撮影：山田虎雄

二子新地　ふたこしんち
【所在地】神奈川県川崎市高津区二子2-2-1
【開業】1927（昭和2）年7月15日
（二子→二子新地前→二子新地）
【キロ程】10.1km（渋谷起点）
【ホーム】2面4線（うち乗降は2面2線）
【乗降人員】21,734人（2019年度）

多摩川を挟んで、二子玉川駅と並ぶように置かれている二子新地駅。1927（昭和2）年7月に玉川電気鉄道溝ノ口線の二子電停として誕生し、1935（昭和10）年頃にこの写真に見える「二子新地前」と駅名を改称した。駅名の一部である「新地」は、この地にあった三業地に由来している。◎二子新地　1965（昭和40）年11月27日　撮影：荻原二郎

高津　たかつ
【所在地】神奈川県川崎市高津区二子4-1-1
【開業】1927（昭和2）年7月15日
【キロ程】10.7km（渋谷起点）
【ホーム】2面4線（うち乗降は2面2線）
【乗降人員】32,388人（2019年度）

地上駅時代の高津駅の改札口付近で、この当時から相対式ホーム（2面）の構造だった。駅の開業は1927（昭和2）年7月で、1977（昭和52）年3月に高架駅となっている。駅の所在地は川崎市高津区二子4丁目で、開業当時は橘樹郡高津村の役場の最寄り駅だった。◎高津　撮影：山田虎雄

溝の口 みぞのくち

【所在地】神奈川県川崎市高津区溝口2-1-1
【開業】1927（昭和2）年7月15日（溝ノ口→溝の口）
【キロ程】11.4km（渋谷起点）　【ホーム】2面4線
【乗降人員】155,777人（田園都市線・2019年度）
　　　　　57,731人（大井町線・2019年度）

国鉄（現・JR）南武線の武蔵溝ノ口駅と連絡している東急田園都市線の溝の口駅。現在は堂々たる構えの高架駅に変わっているが、この頃は地上駅舎であり、両駅の周囲には庶民的な雰囲気の市場、商店街が広がっていた。現在の駅の構造は、島式ホーム2面4線の高架駅である。
◎溝の口　1961（昭和36）年11月5日　撮影：荻原二郎

梶が谷 かじがや

【所在地】神奈川県川崎市高津区末長1-48-6
【開業】1966（昭和41）年4月1日
【キロ程】12.2km（渋谷起点）
【ホーム】2面4線
【乗降人員】39,850人（2019年度）

1966（昭和41）年4月の田園都市線の延伸・開業時に開通した、新しい駅のひとつである。梶が谷駅の構造は島式ホーム2面4線の地上駅で、橋上駅舎を有している。駅の南西には、2008（平成20）年3月に誕生した大井町線用の梶が谷車庫が存在している。◎梶が谷　1966（昭和41）年4月　撮影：山田虎雄

宮崎台 みやざきだい
【所在地】神奈川県川崎市宮前区宮崎2-10-12
【開業】1966(昭和41年)4月1日
【キロ程】13.7km(渋谷起点)
【ホーム】2面2線
【乗降人員】50,176人(2019年度)

東急電鉄が運営する鉄道保存展示施設「電車とバスの博物館」の最寄り駅となっている宮崎台駅。博物館は当初、高津駅の高架下にあったが、2003(平成15)年3月に宮崎台駅の高架下に移転してきた。駅名の「宮崎台」は、このあたりに橘樹郡宮前(みやざき)村が存在したことによる。◎宮崎台　撮影:山田虎雄

宮前平 みやまえだいら
【所在地】神奈川県川崎市宮前区宮前平1-11-1
【開業】1966(昭和41年)4月1日
【キロ程】14.7km(渋谷起点)
【ホーム】2面2線
【乗降人員】51,907人(2019年度)

1966(昭和41)年4月に開業した田園都市線の宮前平駅。相対式ホーム2面2線を有する高架駅で、駅舎の外観は半世紀以上たった現在もほとんど変わらない。駅の所在地は川崎市宮前区宮前平1丁目で、1982(昭和57)年に発足した宮前区の区役所の最寄り駅となっている。◎宮前平　1979(昭和54)年　撮影:山田虎雄

鷺沼　さぎぬま

【所在地】神奈川県川崎市宮前区鷺沼3-1-1
【開業】1966（昭和41年）4月1日
【キロ程】15.7km（渋谷起点）
【ホーム】2面4線
【乗降人員】63,155人（2019年度）

この鷺沼駅の東側には田園都市線を走る東急、東京メトロの車両を留置する鷺沼車庫、鷺沼検車区が置かれている。また、半蔵門線、日比谷線車両の定期検査を行う東京メトロの鷺沼工場も存在する。鷺沼駅の開業は1966（昭和41）年4月で、駅の構造は島式ホーム2面4線の地上駅である。◎鷺沼　1966（昭和41）年4月　撮影：山田虎雄

たまプラーザ　たまぷらーざ

【所在地】神奈川県横浜市青葉区美しが丘1-3
【開業】1966（昭和41年）4月1日
【キロ程】17.1km（渋谷起点）
【ホーム】2面2線
【乗降人員】83,136人（2019年度）

田園都市線の延伸により、1966（昭和41）年4月に開業した駅には当時、社長だった五島昇により、ユニークな駅名「たまプラーザ」が付けられた。その後もシンプルな形の駅舎だったが、2006（平成18）年から始まった駅と周辺の再開発事業で、現在のような近代的な駅舎に変わった。
◎たまプラーザ　1966（昭和41）年　撮影：荻原二郎

あざみ野 　あざみの

【所在地】神奈川県横浜市青葉区あざみ野2-1-1
【開業】1977（昭和52）年5月25日
【キロ程】18.2km（渋谷起点）
【ホーム】2面2線
【乗降人員】136,108人（2019年度）

東急田園都市線と横浜市営地下鉄ブルーラインの連絡駅となっているあざみ野駅。東急の駅は1977（昭和52）年5月に開業した高架駅であり、横浜市営地下鉄のあざみ野駅が1993（平成5）年3月に続いた。東急駅の構内（改札外）には、あざみ野駅内郵便局がある。◎あざみ野　1977（昭和52）年5月　撮影：山田虎雄

江田 　えだ

【所在地】神奈川県横浜市青葉区荏田町2360
【開業】1966（昭和41年）4月1日
【キロ程】19.3km（渋谷起点）
【ホーム】2面4線
【乗降人員】37,417人（2019年度）

1966（昭和41）年4月、田園都市線の溝の口〜長津田間の延伸時に開業した江田駅。駅の構造は島式ホーム2面4線の高架駅で、現在は10両分のホーム上屋が膜屋根になっている。駅の所在地は横浜市青葉区荏田町で、中世には荏田城、江戸時代には大山道の荏田宿が置かれていた。◎江田　撮影：山田虎雄

市が尾　いちがお
【所在地】神奈川県横浜市青葉区市ヶ尾町1156-1
【開業】1966（昭和41年）4月1日
【キロ程】20.6km（渋谷起点）
【ホーム】2面2線
【乗降人員】43,403人（2019年度）

市が尾の名前の由来は「市郷」が「市ヶ尾」になったもの。開業当初はこぢんまりとした駅であったが、昭和50年代頃から沿線人口の増加もあっつて1979（昭和54）年に駅の改修を実施した。当駅から徒歩8分のところには「市ヶ尾横穴古墳群」があり、周辺には神社仏閣などの歴史遺産も多い。◎市が尾　撮影：山田虎雄

藤が丘　ふじがおか
【所在地】神奈川県横浜市青葉区藤が丘2-5-4
【開業】1966（昭和41年）4月1日
【キロ程】22.1km（渋谷起点）
【ホーム】2面3線
【乗降人員】26,769人（2019年度）

1966（昭和41）年4月、田園都市線の溝の口〜長津田間の延伸時に開業した藤が丘駅。駅の北側を厚木街道（国道246号）が走っており、次の青葉台駅の手前で、田園都市線と立体交差することになる。駅の構造は相対式2面3線のホームをもつ高架駅である。◎藤が丘　撮影：山田虎雄

青葉台 あおばだい
【所在地】神奈川県横浜市青葉区青葉台1-7-3
【開業】1966（昭和41年）4月1日
【キロ程】23.1km（渋谷起点）
【ホーム】2面2線
【乗降人員】110,999人（2019年度）

自動券売機がずらりと並んでいる青葉台駅の改札口付近。この青葉台駅は相対式ホーム2面2線の地上駅だが、東側が掘割式、西側は高架式になっている。駅の北側には青葉区の「青葉台」「松風台」といった地名が広がり、南側には「つつじが丘」「榎が丘」といった地名が見える。◎青葉台　撮影：山田虎雄

田奈 たな
【所在地】神奈川県横浜市青葉区田奈町76
【開業】1966（昭和41年）4月1日
【キロ程】24.5km（渋谷起点）
【ホーム】2面2線
【乗降人員】11,038人（2019年度）

「田奈」という駅名、地名は「長津田」「恩田」の「田」と、「奈良」の「奈」を組み合わせたものである。1889（明治22）年に3つの村が合併して都筑郡田奈村が成立し、1939（昭和14）年に横浜市に編入された。田奈駅の開業は1966（昭和41）年4月である。◎田奈　撮影：山田虎雄

長津田　ながつた
【所在地】神奈川県横浜市緑区長津田4-1-1
【開業】1966（昭和41年）4月1日
【キロ程】25.6km（渋谷起点）　【ホーム】3面5線
【乗降人員】128,584人（田園都市線・2019年度）
　　　　　12,285人（こどもの国線・2019年度）

横浜鉄道（現・JR横浜線）の長津田駅は、1908（明治41）年9月に誕生した古参駅。
一方、東急田園都市線の長津田駅は、半世紀以上遅れて1966（昭和41）年4月に
開業した。東急駅には当初は1面1線のホームしかなかったが、現在はこどもの
国線を含めて、3面5線の大きな駅になっている。
◎長津田　1977（昭和52）年　撮影：山田虎雄

つくし野　つくしの
【所在地】東京都町田市つくし野4-1
【開業】1968（昭和43）年4月1日
【キロ程】26.8km（渋谷起点）
【ホーム】2面2線
【乗降人員】11,544人（2019年度）

田園都市線長津田〜つくし野間の開通記念のモニュメントが見える、つくし野駅の駅前風景。
1968（昭和43）年4月の開業時は1面1線だったが、現在は相対式2面2線のホームをもつ
構造になっている。この駅の所在地は都県境を越えた、東京都町田市つくし野4丁目である。
◎つくし野　1968（昭和43）年　撮影：山田虎雄

すずかけ台　すずかけだい

【所在地】東京都町田市南つくし野3-1
【開業】1972（昭和47）年4月1日
【キロ程】28.0km（渋谷起点）
【ホーム】2面2線
【乗降人員】11,623人（2019年度）

つくし野駅と同様、東京都と神奈川県の都県境に近い場所に置かれている、すずかけ台駅。1972（昭和47）年4月、田園都市線のつくし野〜すずかけ台間の延伸により、一時的な終着駅として開業した。駅名に含まれる「すずかけ（のき）」は、プラタナスの和名である。
◎すずかけ台　撮影：山田虎雄

南町田グランベリーパーク

みなみまちだぐらんべりーぱーく

【所在地】東京都町田市鶴間3-3-2
【開業】1976（昭和51）年10月15日
（南町田→南町田グランベリーパーク）
【キロ程】29.2km（渋谷起点）　【ホーム】2面2線
【乗降人員】40,084人（2019年度）

この南町田駅は1976（昭和51）年10月に開業し、2019（令和元）年10月に「南町田グランベリーパーク」に改称した。駅の所在地は町田市鶴間3丁目で、東京都では最も南に位置する駅である。「グランベリー」はツルコケモモなどの総称で、果実はジャム、ジュースの原料になる。
◎南町田　1976（昭和51）年10月15日　撮影：山田虎雄

つきみ野 つきみの
【所在地】神奈川県大和市つきみ野5-8-1
【開業】1976（昭和51）年10月15日
【キロ程】30.3km（渋谷起点）
【ホーム】2面2線
【乗降人員】10,537人（2019年度）

左右に大きく延びた屋根が特徴的な、つきみ野駅の駅舎。1976（昭和51）年10月に開業し、その姿は現在も変わっていない。境川を渡った田園都市線は、再び神奈川県内を走っており、この駅は大和市つきみ野5丁目に置かれている。駅の構造は相対式ホーム2面2線の地上駅である。◎つきみ野　撮影：山田虎雄

中央林間 ちゅうおうりんかん
【所在地】神奈川県大和市中央林間4-6-3
【開業】1984（昭和59）年4月9日
【キロ程】31.5km（渋谷起点）
【ホーム】1面2線
【乗降人員】107,086人（2019年度）

田園都市線の終着駅である中央林間駅は、小田急江ノ島線との連絡駅となっている。小田急の駅は1929（昭和4）年4月、中央林間都市駅として開業し、1941（昭和16）年10月に現在の駅名になった。東急の駅は1984（昭和59）年4月に開業している。
◎中央林間　1984（昭和59）年4月　撮影：山田虎雄

こどもの国線

恩田　おんだ
【所在地】神奈川県横浜市青葉区あかね台1-10
【開業】2000（平成12）年3月29日
【キロ程】1.8km（長津田起点）
【ホーム】1面2線
【乗降人員】827人（2019年度）

こどもの国線の唯一の中間駅である恩田駅の南東には、東急の長津田車両工場が置かれている。恩田駅の開業は2000（平成12）年3月で、構造は島式ホーム1面2線を有する地上駅である。世田谷線を除く東急全駅の中で、最も乗降人員が少ない駅とされている。◎恩田　2000（平成12）年　撮影：荻原二郎

こどもの国　こどものくに
【所在地】神奈川県横浜市青葉区奈良町995-1
【開業】1967（昭和42）年4月28日
【キロ程】3.4km（長津田起点）
【ホーム】1面1線
【乗降人員】11,458人（2019年度）

遊園地の玄関口らしい、かわいい駅舎だった頃のこどもの国駅。1967（昭和42）年4月、こどもの国線の終着駅として開業し、2000（平成12）年3月に現在の駅舎に変わった。駅の構造は単式ホーム1面1線の地上駅で、所在地は横浜市青葉区奈良町である。◎こどもの国　撮影：山田虎雄

大井町線

大井町 おおいまち
【所在地】東京都品川区大井1-1-1
【開業】1927（昭和2）年7月6日
【キロ程】0.0km（大井町起点）
【ホーム】1面2線
【乗降人員】143,527人（2019年度）

この大井町駅付近では、東急大井町線は地下を通る東京臨海高速鉄道りんかい線と並行して走ることとなる。りんかい線の大井町駅は2002（平成14）年12月に開業し、2005（平成17）年3月に東急駅のホームも拡幅された。これは昭和時代の東急・大井町駅の駅前風景である。◎大井町　撮影：山田虎雄

下神明 しもしんめい
【所在地】東京都品川区西品川1-29-6
【開業】1927（昭和2）年7月6日（戸越→下神明）
【キロ程】0.8km（大井町起点）
【ホーム】2面2線
【乗降人員】8,702人（2019年度）

1927（昭和2）年7月、目黒蒲田電鉄の戸越駅として開業した後、1936（昭和11）年1月に「下神明」の駅名に改称した。駅の所在地は品川区西品川1丁目で、「下神明」の駅名はこの駅が最寄り駅で、かつて「神明社」と呼ばれてきた下神明天祖神社に由来している。◎下神明　1961（昭和36）年3月20日　撮影：荻原二郎

戸越公園　とごしこうえん
【所在地】東京都品川区戸越5-10-15
【開業】1927（昭和2）年7月6日（蛇窪→戸越公園）
【キロ程】1.5km（大井町起点）
【ホーム】2面2線
【乗降人員】13,681人（2019年度）

1927（昭和2）年7月に蛇窪駅として開業し、1936（昭和11）年1月に現在の駅名「戸越公園」に改称した。駅名の由来となった戸越公園は、前年（1935年）に都立公園として開園し、現在は品川区立公園となっている。江戸時代には、熊本藩細川家の下屋敷だった。◎戸越公園　撮影：山田虎雄

中延　なかのぶ
【所在地】東京都品川区中延4-5-5
【開業】1927（昭和2）年7月6日
【キロ程】2.1km（大井町起点）
【ホーム】2面2線
【乗降人員】24,503人（2019年度）

現在は都営地下鉄浅草線の中延駅との連絡駅となっている大井町線の中延駅。駅の開業は1927（昭和2）年7月で、当時は目黒蒲田電鉄の駅だった。駅の構造は相対式ホーム2面2線を有する高架駅である。都営浅草線の中延駅との乗り換えには、公道を横断して50メートルほど歩くことになる。◎中延　1961（昭和36）年9月2日　撮影：荻原二郎

荏原町　えばらまち

【所在地】東京都品川区中延5-2-1
【開業】1927（昭和2）年7月6日
【キロ程】2.7km（大井町起点）
【ホーム】2面2線
【乗降人員】17,976人（2019年度）

大森駅行きに向かう東急のボンネットバスが停車している、荏原町駅の駅前風景。この駅舎、改札口は下り線（溝ノ口方面）側に設置されており、上り線（大井町方面）側には存在しなかった。上り線側に改札口が新設されるのは、2004（平成16）年3月のことである。
◎荏原町　1961（昭和36）年9月2日　撮影：荻原二郎

旗の台　はたのだい

【所在地】東京都品川区旗の台2-13-1
【開業】大井町線、1927（昭和2）年7月6日（東洗足→旗の台）
　　　　池上線、1927（昭和2）年8月28日（旗ヶ岡→旗の台）
【キロ程】3.2km（大井町起点）、3.1km（五反田起点）
【ホーム】大井町線、2面4線　池上線、2面2線
【乗降人員】25,718（大井町線・2019年度）
　　　　　　14,558（池上線・2019年度）

この駅はもともと、目黒蒲田電鉄（現・東急）大井町線の東洗足駅、池上電気鉄道（現・東急池上線）の旗ヶ岡駅という2つの駅からスタートしている。戦後、ともに東急の駅となり、1951（昭和26）年3月に東洗足駅を旗の台駅に改称して現在地に移転した後、同年5月に旗ヶ岡駅と合併した。◎旗の台　撮影：山田虎雄

北千束　きたせんぞく

【所在地】東京都大田区北千束2-16-1
【開業】1928（昭和3）年10月10日（池月→洗足公園→北千束）
【キロ程】4.0Km（大井町起点）
【ホーム】1面2線
【乗降人員】7,268人（2019年度）

洗足池の玄関口であり、一時は「洗足公園」の駅名を名乗っていた北千束駅。1928（昭和3）年10月に池月駅として開業、1930（昭和5）年5月に洗足公園駅となり、1936（昭和11）年1月に現在の駅名となった。当初の駅名「池月」は、地元ゆかりの源頼朝の愛馬の名前である。
◎北千束　1961（昭和36）年9月29日　撮影：荻原二郎

大岡山　おおおかやま

【所在地】東京都大田区北千束3-27-1
【開業】目黒線、1923（大正12）年3月11日
　　　　大井町線、1927（昭和2）年7月6日
【キロ程】4.8km（大井町起点）、4.3km（目黒起点）
【ホーム】2面4線
【乗降人員】29,367人（大井町線・2019年度）
　　　　　21,759人（目黒線・2019年度）

東京工業大学大岡山キャンパスの最寄り駅として知られる大岡山駅。大岡山駅で分かれる目黒線と大井町線の線路は、この大学のキャンパスに挟まれる形で進んでゆく。1923（大正12）年3月、目黒蒲田電鉄（現・目黒線）の駅が開業し、1927（昭和2）年7月に大井町線の駅が誕生した。◎大岡山　撮影：山田虎雄

緑が丘　みどりがおか

【所在地】東京都目黒区緑が丘3-1-12
【開業】1929（昭和4）年12月25日
　　　　（中丸山→緑ヶ丘→緑が丘）
【キロ程】5.3km（大井町起点）
【ホーム】2面2線
【乗降人員】10,365人（2019年度）

1929（昭和4）年12月に中丸山駅として開業し、1933（昭和8）年4月に「緑ヶ丘」に駅名を改称した後、1966（昭和41）年1月に現在の「緑が丘」の駅名となった。これはかつて存在した旧駅舎で、2013（平成25）年に改良工事が完了して現在の駅舎となった。
◎緑が丘　撮影：山田虎雄

九品仏　くほんぶつ

【所在地】東京都世田谷区奥沢7-20-1
【開業】1929（昭和4）年11月1日
【キロ程】7.1km（大井町起点）
【ホーム】1面2線
【乗降人員】13,337人（2019年度）

大井町線の九品仏駅は、現・東急では二代目であり、初代の九品仏駅は、東横線の自由が丘駅が1927〜29（昭和2〜4）年の2年間にわたって名乗っていた。駅名となった「九品仏」は浄土宗の名刹、九品山浄真寺の9体の仏像であり、この寺の通称に由来している。
◎九品仏
1961（昭和36）年10月14日
撮影：荻原二郎

尾山台　**おやまだい**
【所在地】東京都世田谷区等々力5-5-7
【開業】1930（昭和5）年4月1日
【キロ程】7.8km（大井町起点）
【ホーム】2面2線
【乗降人員】30,594人（2019年度）

1930（昭和5）年4月に開業した尾山台駅は当初、島式1面2線を有していたが、この後の1964（昭和39）年4月に相対式ホーム2面2線の構造に変わっている。現在は東京都市大学に名称を変更している、私立の武蔵工業大学の大きな案内板が駅前に建てられている。◎尾山台　1961（昭和36）年10月14日　撮影：荻原二郎

等々力　**とどろき**
【所在地】東京都世田谷区等々力3-1-1
【開業】1929（昭和4）年11月1日
【キロ程】8.3km（大井町起点）
【ホーム】1面2線
【乗降人員】29,530人（2019年度）

ホームにデハ3500形の列車が見える等々力駅の木造駅舎。等々力駅付近には、東京23区で唯一の渓谷である等々力渓谷が存在し、多くの行楽客も訪れる人気の場所になっている。そのため、駅を地下化する計画もあったものの、自然保護の観点から計画は凍結されたままである。◎等々力　1961（昭和36）年10月14日　撮影：荻原二郎

上野毛 かみのげ
【所在地】東京都世田谷区上野毛1-26-6
【開業】1929（昭和4）年11月1日
【キロ程】9.2km（大井町起点）
【ホーム】1面3線
【乗降人員】22,572人（2019年度）

開業時のままのたたずまいが残る、上野毛駅の旧駅舎である。この駅舎は現在の北口の位置にあった。2007（平成19）年12月、新駅舎（正面口）が誕生し、休止されていた旧駅舎（北口）は2010（平成22）年12月に再建されている。◎上野毛　撮影：山田虎雄

目黒線

目黒 めぐろ
【所在地】東京都品川区上大崎4-2-1
【開業】1923（大正12）年3月11日
【キロ程】0.0km（目黒起点）
【ホーム】1面2線
【乗降人員】286,145人（2019年度）

1923（大正12）年3月、目黒蒲田電鉄の駅として開業した東急目黒線の目黒駅。1997（平成9）年7月に地下駅に変わり、その後に東京メトロ南北線、都営地下鉄三田線との直通運転が実現している。これは1953（昭和28）年に完成した地上駅舎の姿である。
◎目黒　1961（昭和36）年
撮影：荻原二郎

不動前　ふどうまえ

【所在地】東京都品川区西五反田5-12-1
【開業】1923（大正12）年3月11日
　　　（目黒不動前→目黒）
【キロ程】1.0km（目黒起点）
【ホーム】2面2線
【乗降人員】31,573人（2019年度）

現在のような高架駅に変わる
前、地上駅時代の不動前駅の姿
である。1923（大正12）年3月、
目黒不動前駅として開業し、10
月に不動前駅に改称した。駅名
の由来となっている瀧泉寺（目
黒不動）は目黒区下目黒3丁目
にあるが、この駅は品川区西五
反田5丁目に置かれている。
◎不動前　撮影：山田虎雄

武蔵小山　むさしこやま

【所在地】東京都品川区小山3-4-8
【開業】1923（大正12）年3月11日
　　　（小山→武蔵小山）
【キロ程】1.9km（目黒起点）
【ホーム】2面4線
【乗降人員】53,193人（2019年度）

都内有数の庶民的な商店街が
存在することで知られる武蔵小
山。その玄関口である目黒線の
武蔵小山駅は、既に開業から2
年たった1925（大正14）年11
月、鉄筋コンクリート造の駅舎
になっていた。この当時も駅前
は賑やかな雰囲気で、売店の前
には天津甘栗の袋が並べられて
いた。また、サンタクロースが
商店の宣伝を勤めていた。
◎武蔵小山　1961（昭和36）年
12月9日　撮影：荻原二郎

西小山　にしこやま

【所在地】東京都品川区小山6-3-10
【開業】1928（昭和3）年8月1日
【キロ程】2.6km（目黒起点）
【ホーム】1面2線
【乗降人員】37,342人（2019年度）

現在は地下駅であり、地上には
3階建ての駅ビルが存在してい
る西小山駅。初代の駅舎は盛土
上の高架駅であったが、1999
（平成11）年8月に解体されて、
しばらくは仮設ホームが使用さ
れていた。2006（平成18）年7
月に島式ホーム1面2線の地下
駅が誕生した。
◎西小山　1961（昭和36）年12
月5日　撮影：荻原二郎

洗足　せんぞく

【所在地】東京都目黒区洗足2-21-1
【開業】1923（大正12）年3月11日
【キロ程】3.3km（目黒起点）
【ホーム】2面2線
【乗降人員】14,898人（2019年度）

東急には、池上線の洗足池駅とともに、目黒線にこの洗足駅が存在している。駅の所在地は目黒区洗足2丁目で、目黒線では唯一、目黒区内に置かれている。1967（昭和42）年8月に環七通りとの立体交差のため、相対式ホーム2面2線をもつ地下駅に変わっている。
◎洗足　撮影：山田虎雄

奥沢　おくさわ

【所在地】東京都世田谷区奥沢3-47-17
【開業】1923（大正12）年3月11日
【キロ程】5.5km（目黒起点）
【ホーム】2面3線
【乗降人員】14,010人（2019年度）

奥沢駅は、自由通りの東側に置かれており、この東急奥沢駅ビルは南門に建てられている。駅の開業は1923（大正12）年3月、このときは南口のみで、1935（昭和10）年に北口が開設された。北側には目黒線の車両基地、元住吉検車区奥沢車庫が存在している。
◎奥沢　撮影：山田虎雄

東急多摩川線

沼部　ぬまべ

【所在地】東京都大田区
　　　　田園調布本町28-1
【開業】1923（大正12）年3月11日
　　　（丸子→武蔵丸子→沼部）
【キロ程】0.9km（多摩川起点）
【ホーム】2面2線
【乗降人員】10,877人（2019年度）

東急多摩川線はこの沼部駅の南
側で、JRの東海道新幹線と東
海道（品鶴）線と交差している。
1923（大正12）年3月に目黒蒲
田電鉄の丸子駅として開業し、
1924（大正13）年4月に武蔵
丸子駅となった後、1926（大正
15）年1月に現在の駅名である
「沼部」となった。
◎沼部　撮影：山田虎雄

鵜の木　うのき

【所在地】東京都大田区鵜の木2-4-1
【開業】1924（大正13）年2月29日
　　　（鵜ノ木→鵜の木）
【キロ程】2.0km（多摩川起点）
【ホーム】2面2線
【乗降人員】19,820人（2019年度）

この鵜の木駅付近の多摩川線
は、多摩堤通りと並行して走っ
ており、駅周辺に広いスペース
は存在しない。駅の構造は相対
式ホーム2面2線の地上駅で、
かつては構内踏切が存在した
が、現在はホーム間の連絡はな
い。ホームも短く、3両編成に
対応する長さになっている。
◎鵜の木　撮影：山田虎雄

下丸子　しもまるこ

【所在地】東京都大田区下丸子3-7-1
【開業】1924（大正13）年5月2日
【キロ程】2.6km（多摩川起点）
【ホーム】2面2線
【乗降人員】36,829人（2019年度）

1924（大正13）年2月、目黒蒲
田電鉄時代に開業した東急多摩
川線の下丸子駅。環八通りを
越えた北東には、東急池上線が
通っており、千鳥町駅が置かれ
ている。この当時、駅周辺には
ビルの姿はないが、近年はマン
ションなどが建ち並び、乗降客
数も多くなっている。
◎下丸子　撮影：山田虎雄

武蔵新田　むさしにった

【所在地】東京都大田区矢口1-18-1
【開業】1923（大正12）年11月1日
　　　　（新田→武蔵新田）
【キロ程】3.4km（多摩川起点）
【ホーム】2面2線
【乗降人員】27,182人（2019年度）

多摩川の矢口渡し付近で謀殺された南北朝時代の武将、新田義興を祀る新田神社の最寄り駅として、1923（大正12）年11月に開業した。祭神である新田義興は、新田義貞の次男で南朝方として足利幕府軍（北朝方）と戦った。当初の駅名は「新田」で、1924（大正13）年4月に駅名を改称した。
◎武蔵新田　撮影：山田虎雄

矢口渡　やぐちのわたし

【所在地】東京都大田区多摩川1-20-10
【開業】1923（大正12）年11月1日
　　　　（矢口→矢口渡）
【キロ程】4.3km（多摩川起点）
【ホーム】2面2線
【乗降人員】25,588人（2019年度）

第二京浜（国道1号）が多摩川を渡る多摩川大橋付近には、長く矢口の渡しが存在し、住民の足となっていた。この矢口渡駅は1923（大正12）年11月、「矢口」の駅名で開業し、1930（昭和5）年5月に現在の駅名に改称した。駅の構造は、相対式ホーム2面2線の地上駅である。
◎矢口渡　撮影：山田虎雄

蒲田　かまた

【所在地】東京都大田区西蒲田7-69-1
【開業】池上線、1922（大正11）年10月6日
　　　　東急多摩川線、1923（大正12）年11月1日
【キロ程】5.6km（多摩川起点）、
　　　　10.9km（五反田起点）
【ホーム】5面4線
【乗降人員】91,787人（東急多摩川線・2019年度）
　　　　77,049人（池上線・2019年度）

東急多摩川線・池上線とJR東海道（京浜東北）線の連絡駅となっている蒲田駅。両線の駅が開業した大正時代には荏原郡蒲田町が存在しており、1932（昭和7）年10月に東京市に編入されて蒲田区が誕生した。現在の東急駅は、頭端式ホーム5面4線を有する高架駅となっている。
◎蒲田　1977（昭和52）年
撮影：山田虎雄

池上線

五反田　ごたんだ

【所在地】東京都品川区東五反田2-1-1
【開業】1928（昭和3）年6月17日
【キロ程】0.0km（五反田起点）
【ホーム】1面2線
【乗降人員】114,900人（2019年度）

池上電気鉄道（現・東急池上線）が念願の都心乗り入れを果たし、山手線駅との連絡を実現した五反田駅。山手線の内（東）側に置かれ、国鉄（現・JR）線路をまたぐ必要があったため、山手線の駅よりも高い位置にある。現在、駅ビルは地上8階建ての五反田東急スクエアとなっている。
◎五反田　1980（昭和55）年
撮影：山田虎雄

大崎広小路　おおさきひろこうじ

【所在地】東京都品川区上大崎4-1-1
【開業】1927（昭和2）年10月9日
【キロ程】0.3km（五反田起点）
【ホーム】1面2線
【乗降人員】8,633人（2019年度）

ライトに照らされた夜の大崎広小路駅の姿である。この駅は1927（昭和2）年10月、池上電気鉄道（現・東急池上線）の起終点駅として開業。1928（昭和3）年6月に五反田駅まで延伸して、中間駅となった。当初から、島式ホーム1面2線を有する高架駅としてスタートしている。
◎大崎広小路　撮影：山田虎雄

戸越銀座　とごしぎんざ

【所在地】東京都品川区平塚2-16-1
【開業】1927（昭和2）年8月28日
【キロ程】1.4km（五反田起点）
【ホーム】2面2線
【乗降人員】20,648人（2019年度）

木造駅舎時代の戸越銀座駅で、現在も三角屋根の駅舎の姿は受け継がれている。この駅の南側に続く戸越銀座商店街は、直線で日本一長い商店街といわれている。「戸越」を含んだ駅はほかにも東急大井町線に戸越公園駅、都営地下鉄浅草線に戸越駅が存在している。
◎戸越銀座　1983（昭和58）年
撮影：山田虎雄

荏原中延　えばらなかのぶ

【所在地】東京都品川区中延2-8-1
【開業】1927（昭和2）年8月28日
【キロ程】2.1km（五反田起点）
【ホーム】2面2線
【乗降人員】13,910人（2019年度）

池上線の中延駅は、1927（昭和2）年8月に開業。1989（平成元）年3月に地下駅になった。これは地上駅舎時代の姿で、トタン屋根の簡素な建物である。「おことづけ」と書かれた伝言板が設置されている様子は、携帯電話のなかった時代の懐かしい風景である。
◎荏原中延　1973（昭和48）年
撮影：山田虎雄

長原　ながはら

【所在地】東京都大田区上池台1-10-10
【開業】1927（昭和2）年8月28日
【キロ程】3.7km（五反田起点）
【ホーム】2面2線
【乗降人員】16,083人（2019年度）

この長原駅とお隣の旗の台、洗足池駅との距離は0.6キロでかなり短くなっている。駅の開業は1927（昭和2）年8月で、1973（昭和48）年11月に地下駅に変わった。駅名の「長原」は、開業時の地名である荏原郡馬込村字長原に由来しているが、当初は「馬込」の予定だった。
◎長原　撮影：山田虎雄

洗足池　せんぞくいけ

【所在地】東京都大田区東雪谷1-1-6
【開業】1927（昭和2）年8月28日
【キロ程】4.3km（五反田起点）
【ホーム】2面2線
【乗降人員】19,124人（2019年度）

駅名となっている「洗足池」は、池上本門寺の開山、日蓮上人のゆかりの場所で、もともとは「千束」だったが、旅の途中の日蓮が足を洗ったことから「洗足」になったといわれる。この洗足池駅は1927（昭和2）年8月に開業し、現在は相対式ホーム2面2線を有する高架駅となっている。
◎洗足池　撮影：山田虎雄

石川台　いしかわだい
【所在地】東京都大田区東雪谷2-23-1
【開業】1927（昭和2）年8月28日
　　　（石川→石川台）
【キロ程】4.9km（五反田起点）
【ホーム】2面2線
【乗降人員】15,474人（2019年度）

池上線石川台駅の蒲田方面（下り）の駅舎で、特徴のある構造の屋根は現在も変わっていない。構内の看板に見える永石産婦人科は、現在も雪が谷大塚駅近く（南雪谷2丁目）で開院している。駅の構造は相対式ホーム2面2線を有する地上駅である。
◎石川台　撮影：山田虎雄

雪が谷大塚　ゆきがやおおつか
【所在地】東京都大田区南雪谷2-2-16
【開業】1923（大正12）年5月4日（雪ヶ谷）、
　　　1927（昭和2）年8月19日（調布大塚）
　　　両駅統合により雪が谷大塚駅となる
　　　（雪ヶ谷大塚→雪が谷大塚）
【キロ程】5.6km（五反田起点）
【ホーム】1面2線
【乗降人員】25,644人（2019年度）

1923（大正12）年5月に雪ヶ谷駅、1927（昭和2）年8月に調布大塚駅が開業し、1933（昭和8）年6月に両駅が統合されて、雪ヶ谷駅として現在地に移設された。当時は新奥沢駅に至る新奥沢線が存在したが、1935（昭和10）年11月に廃止された。◎雪が谷大塚　撮影：山田虎雄

御嶽山　おんたけさん

【所在地】東京都大田区北嶺町32-17
【開業】1923（大正12）年5月4日
　　　（御嶽山前→御嶽山）
【キロ程】6.4km（五反田起点）
【ホーム】2面2線
【乗降人員】27,248人（2019年度）

「御嶽山」の駅名は、池上線の線路沿い（大田区北嶺町）に鎮座する御嶽神社に由来している。この神社は江戸時代、木曽・御嶽山で修行した一山行者が中興し、多くの参拝者を迎えてきた。1923（大正12）年5月に御嶽山前駅として開業、1929（昭和4）年6月に現在の駅名になった。
◎御嶽山　撮影：山田虎雄

久が原　くがはら

【所在地】東京都大田区南久が原2-6-10
【開業】1923（大正12）年5月4日
　　　（末広→東調布→久ヶ原→久が原）
【キロ程】7.1km（五反田起点）
【ホーム】2面2線
【乗降人員】16,512人（2019年度）

駅前売店、自動飲料販売機が見える久が原駅の駅前、雨の日の風景である。この駅周辺は、大田区の高級住宅地として知られている。池上線の駅は1923（大正12）年5月、「末広」の駅名で開業。「東調布」「久ヶ原」を経て、1966（昭和41）年1月、現在の「久が原」となった。◎久が原　撮影：山田虎雄

千鳥町　ちどりちょう

【所在地】東京都大田区千鳥1-20-1
【開業】1926（大正15）年8月6日
　　　（慶大グラウンド前→千鳥町）
【キロ程】8.0km（五反田起点）
【ホーム】2面2線
【乗降人員】16,646人（2019年度）

1926（大正15）年8月、池上電気鉄道が慶大グラウンド前駅として開業している。当時、付近に慶応義塾大学新田運動場（野球場）が存在した。1936（昭和11）年1月に現在の駅名である「千鳥町」に改称している。駅の所在地は大田区千鳥1丁目である。◎千鳥町　撮影：山田虎雄

池上　いけがみ
【所在地】東京都大田区池上6-3-10
【開業】1922（大正11）年10月6日
【キロ程】9.1km（五反田起点）
【ホーム】2面2線
【乗降人員】36,564人（2019年度）

東急池上線の線名と同じ、池上駅の地上駅舎時代の姿である。駅の北側には日蓮宗の大本山である本門寺が存在し、参拝者用の鉄道における玄関口の駅として、1922（大正11）年10月に開業した。近年、駅舎の改築が続いていた中、2020（令和2）年7月に橋上駅舎に変わっている。◎池上　1961（昭和36）年　撮影：荻原二郎

蓮沼　はすぬま
【所在地】東京都大田区西蒲田7-17-1
【開業】1922（大正11）年10月6日
【キロ程】10.1km（五反田起点）
【ホーム】2面2線
【乗降人員】8,577人（2019年度）

このあたりの池上線には、相対式2面2線のホームをもつ駅が多い。この蓮沼駅も改札は上下線に別々に設置されており、ホーム間の移動はできない。「蓮沼」の地名は、東京・板橋や埼玉、千葉、富山県など全国に存在しており、開業時に荏原郡矢口村の大字として「蓮沼」が存在した。◎蓮沼　1971（昭和46）年　撮影：山田虎雄

世田谷線の懐かしい風景

三軒茶屋駅の世田谷線ホーム。2面1線で乗車ホーム（左）と降車ホーム（右）に分かれている。電車はデハ150形154。
◎三軒茶屋　1988（昭和63）年6月　撮影：安田就視

車庫（雪が谷検車区上町班）のある上町を発車する三軒茶屋行。デハ80形の2両連結。
◎上町　1984（昭和59）年7月14日　撮影：荻原二郎

宮の坂に停車中の下高井戸行。デハ80形2両連結。◎宮の坂　1968（昭和43）10月15日　撮影：荻原二郎

ホームが2面1線の下高井戸駅。右側は京王線。軌間は1372mmで同じだが線路はつながっていない。現在は橋上駅で当時の面影はない。◎下高井戸　1953（昭和28）年　撮影：竹中泰彦

山田 亮（やまだ あきら）

1953年生、慶応義塾大学法学部卒、慶応義塾大学鉄道研究会ＯＢ、鉄研三田会会員、
元地方公務員、鉄道研究家で特に鉄道と社会の関わりに関心を持つ。
1981年「日中鉄道友好訪中団」（竹島紀元団長）に参加し、北京および中国東北地区（旧満州）を訪問。
1982年、フランス、スイス、西ドイツ（当時）を「ユーレイルパス」で鉄道旅行。車窓から見た東西ドイツの
国境に強い衝撃をうける。
2001年、三岐鉄道（三重県）70周年記念コンクール「ルポ（訪問記）部門」で最優秀賞を受賞。
現在、日本国内および海外の鉄道乗り歩きを行う一方で、「鉄道ピクトリアル」などの鉄道情報誌に鉄道史
や列車運転史の研究成果を発表している。
（主な著書）
「相模鉄道 街と駅の一世紀」（2014、彩流社）
「上野発の夜行列車・名列車、駅と列車のものがたり」（2015、JTBパブリッシング）
「JR中央線・青梅線・五日市線各駅停車」（2016、洋泉社）
「南武線、鶴見線、青梅線、五日市線、1950～1980年代の記録」（2017、アルファベーターブックス）
「常磐線、街と鉄道、名列車の歴史探訪」（2017、フォトパブリッシング）
「1960～70年代、空から見た九州の街と鉄道駅」（2018、アルファベーターブックス）
「中央西線、1960年代～90年代の思い出アルバム」（2019、アルファベーターブックス）
「横浜線」「内房線」「外房線」「総武本線、成田線、鹿島線」街と鉄道の歴史探訪
（2019～2020、フォトパブリッシング）
「京浜急行沿線アルバム」（2020、アルファベーターブックス）
「昭和平成を駆け抜けた長距離鈍行列車」（2020、フォトパブリッシング）

【写真撮影・提供】

江本廣一、小川峯生、荻原二郎、荻原俊夫、園田正雄、竹中泰彦、田尻弘行、矢崎康雄、安田就視、
山田 亮、吉村光夫
RGG（荒川好夫、大道政之、白井朝子、高木英二、松本正敏、森嶋孝司、米村博行）

【駅舎解説】

生田 誠

昭和～平成
東急電鉄沿線アルバム

発行日……………………2021年1月5日　第1刷　※定価はカバーに表示してあります。
解説…………………………山田 亮
発行者………………………春日俊一
発行所………………………株式会社アルファベータブックス
　　　　　　　　　　　　〒 102-0072　東京都千代田区飯田橋 2-14-5 定谷ビル
　　　　　　　　　　　　TEL. 03-3239-1850　FAX.03-3239-1851
　　　　　　　　　　　　https://alphabetabooks.com/

編集協力…………………株式会社フォト・パブリッシング
デザイン・DTP ………柏倉栄治
印刷・製本…………………モリモト印刷株式会社